PUHUA BOOKS

我
们
一
起
解
决
问
题

THE PROJECT
MANAGEMENT BOOK
HOW TO RUN SUCCESSFUL
PROJECTS IN HALF THE TIME

事半功倍的
项目管理

〔英〕弗格斯·奥康奈尔
（Fergus O' Connell） 著

王立杰 陈立波 译

人民邮电出版社

北 京

图书在版编目（CIP）数据

事半功倍的项目管理 / （英）弗格斯·奥康奈尔
(Fergus O'Connell) 著 ；王立杰，陈立波译. -- 北京：
人民邮电出版社，2021.8（2023.12重印）
ISBN 978-7-115-56941-7

Ⅰ．①事… Ⅱ．①弗… ②王… ③陈… Ⅲ．①项目管
理 Ⅳ．①F224.5

中国版本图书馆CIP数据核字(2021)第136403号

内 容 提 要

企业业务的开展正变得越来越以项目为基础，管理项目的能力已经成为项目成功运行的关键技能之一。

本书介绍了如何通过使用简单的规则和技术来对项目启动前和项目前期进行研判，快速解决此阶段项目中存在的问题，从而避免在付出高昂的成本后依然失败的结局。此外，本书还介绍了如何通过使用简单的方法和技术使项目周期大大缩短，更加高效地完成项目；如何同时管理多个项目；如何节省时间、精力、资源和金钱；如何成功地完成项目，减少失败及其影响。

本书涵盖的项目管理方法在作者多年的实践中被证明是有效的，可以帮助读者快速解决项目中存在的问题。本书适合技术高管、技术转岗人员、项目经理、产品经理、产品研发和运营人员、敏捷教练等项目管理者及团队成员阅读。

◆ 著　［英］弗格斯·奥康奈尔（Fergus O'Connell）
　　译　王立杰　陈立波
　责任编辑　杨佳凝
　责任印制　胡　南

◆ 人民邮电出版社出版发行　　北京市丰台区成寿寺路 11 号
　邮编 100164　　电子邮件 315@ptpress.com.cn
　网址 https://www.ptpress.com.cn
　涿州市殷润文化传播有限公司印刷

◆ 开本：880×1230　1/32
　印张：6.75　　　　　　　　　　　2021 年 8 月第 1 版
　字数：120 千字　　　　　　2023 年 12 月河北第 3 次印刷
　著作权合同登记号　图字：01-2021-3295 号

定　价：69.00 元
读者服务热线：（010）81055656　印装质量热线：（010）81055316
反盗版热线：（010）81055315
广告经营许可证：京东市监广登字20170147号

致谢

这本书几乎包含了我职业生涯中所学到的关于项目管理的所有知识。刚开始的时候，我什么都不懂，是这些年来和我一起共事的伙伴们让我明白了这一切。谢谢大家。

这是我第一次与 LID 团队合作。和他们一起工作相当愉快，他们让我的工作变得非常轻松。特别要大声感谢的是马丁·刘（Martin Liu）、萨拉·塔赫里（Sara Taheri）、卡罗琳·李（Caroline Li）、夏洛特·雷纳德（Charlotte Reynard）和黑兹尔·伯德（Hazel Bird）。

最后，谢谢奥拉夫·怀佩尔（Olav Wyper），他是我在 SMA 人才公司的代理人，是他让这一切发生的。

本书赞誉

这本书简单明了，包含很多常识。弗格斯·奥康奈尔的项目管理方法是我发现的最好的方法……对于那些从事项目管理工作的人来说，这是一本必读的书。

菲奥娜·卡罗尔（Fiona O'Carroll）

爱尔兰凯瑞集团电子商务部主管

我曾经和弗格斯一起参加培训，并与他一起工作，实施书中这种简单而又非常实用的项目管理方法。我十分认可这本书中阐述的观点，无论你所要交付的是何种级别的项目，你迫切想要知道的技巧都包含在这本书中。

约翰·库尼汉（John Counihan）

爱尔兰马斯格雷夫零售合伙人公司组织设计与发展部主管

对于在当今商业世界中领导项目或在项目中发挥关键作用的人来说，这是一本必不可少的读物。这本书将帮助各个层次的人学会定义项目及如何更好地交付项目，同时最大限度地减少前进路上的痛苦。

伊芙琳·莫伊尼汉（Evelyn Moynihan）

爱尔兰马斯格雷夫零售合伙人公司客户忠诚度管理部营销主管

我是弗格斯的"粉丝"。15 年来，我一直将他的理念和方法应用在我自己和团队的工作中，并取得了显著的成效。《事半功倍的项目管理》是一本有趣且易于操作的指南，包含最新的工具和实用方法，能够确保你和你的团队做事高效、可预测且值得信任。

康纳·图梅（Conor Twomey）

美国南卡罗来纳州 Indorama 公司全球研发总监

我认识弗格斯·奥康奈尔多年，并在不计其数的项目中采用了他简单明了的项目管理方法：从相对简单的项目到非常复杂和时间紧迫的项目，这些方法都很有效。他的清晰、简洁的解释，以及让你在正确的时间将注意力集中在正确的事情上的能力，所有这些都一次又一次地以他的幽默感展示了出来。

安东尼·丰泽（Anthony Fonze）

美国亚利桑那州健康信息交换平台首席创新官

弗格斯做了两件能让项目经理在晚上踏实睡觉的非常重要的事情：第一，他挑选出了真正要做的重要的事情；第二，他避开了学习行业术语所造成的延误。本书对于新手和有经验的项目经理来说，都很有价值。

德斯蒙德·奥康纳博士（Dr Deasún Ó Conchúir）

瑞士 Scatterwork GmbH 公司首席执行官

如今，我们所有的员工都必须阅读《事半功倍的项目管理》，我们在整个组织中都实施了书中的理念和方法。本书是非常灵活和方便的指南，可以确保我们继续按时、经济、高效地交付，并达到成员期望的质量水平。我们相信，是这些方法帮助我们成功应对了最近经济衰退带来的资金削减的压力，并在大多数组织都萎靡不振的时候，使我们的组织变得强大起来。

诺尔·凯利（Noel Kelly）

爱尔兰视觉艺术家公司首席执行官

我读过大部分弗格斯·奥康奈尔的书，我总是对他如何设法持续为项目领导者和项目团队的重要成员提供宝贵的建议印象深刻。

马丁·甘布尔（Martin Gamble）

爱尔兰航空管理局财产和安全部经理

获取项目管理专业知识有几种方法。掌握弗格斯·奥康奈尔的"十步法"就是其中之一。该方法非常简单、实用。

福永正（Masa Fukunaga）

日本东京 Collabo 项目服务公司总监

项目管理是一项非常复杂的工作，也是一项很难做好的工作。掌握这门艺术需要许多策略，这本书以简单易懂的叙事形式揭开了许多策略的神秘面纱。

乔·霍根（Joe Hogan）

Openet 公司创始人兼首席技术官

就像学习弗格斯的课程一样，本书阅读起来简单有趣。作者牵着初级项目经理的手，表示没有必要害怕或去做不可能的事情。他还牵着经验丰富的项目经理的手，指引他们回到现实和常识性的方法中来。这很管用！

亚历山大·戈林（Alexander Göhring）

荷兰埃因霍温 Xeltis 公司运营总监

弗格斯有一种超凡的能力，能够以简单、引人入胜的风格，把复杂的事情变得简单。他使用易操作的工具和步骤，为项目管理制订了一套清晰的方法论和令人耳目一新的简单的处理方法，能够指导你完成任何项目。

玛丽·古尔丁（Mary Goulding）

首席执行官和高管的商业顾问兼行政教练

这是一本好读、有料的关于项目管理的常识性指南。当你吸收了本书中的知识并积极应用时，你将会省去许多董事会的麻烦，并且一次又一次地尝到项目成功交付的甜头。

莱斯·马歇尔（Les Marshall）

全球金融服务技术提供商 FIS 英国高级项目管理专家

《事半功倍的项目管理》是一本非常吸引人的、简明扼要的、节奏明快的书，它能帮助项目经理和团队成员确定范围，更重要的是成功完成项目；它强调先完成、后成功。

凯西·温斯顿（Cathy Winston）

创新中心管理总监

自 1999 年以来，科拉系统公司一直致力于使项目组合、项目和项目管理变得简单易行。弗格斯·奥康奈尔是这方面的先驱，其在项目管理领域的研究比我们在商界的时间还要长。如果你正在起步，想从项目管理理论进入项目管理实践，那么这本书就是专门为你准备的。如果你已经在项目管理领域工作了很多年，那么这本书可以助你重回巅峰。

菲利普·马丁（Philip Martin）

科拉系统公司首席执行官

译者序

大道至简，淳朴自然

做项目管理难不难？

可能很难，但也可能极其简单，这取决于你能否抓住项目管理的本质。

有句话叫"大道至简"。在工作实践中，先贤的哲学智慧让我逐渐体会到了越简单的方法越有效，越简单的流程越容易执行，毕竟事物的本质其实都是极为简单的，项目管理亦是如此。弗格斯喜欢以日常生活中的事情做隐喻，并擅长将项目管理的问题化繁为简。例如，第 3 节"你应该像做晚餐一样管理你的项目"，揭示出项目计划的重要性；第 15 节"供需不仅仅是经济学家的事"，把需求比喻成项目估算的总工作量（人天），把供给比喻成那些将要提供这些人天的人，为了项目成功，这两个数字必须相同；第 35 节"漏斗和两个过滤器"，强调针对所有要做的事情或者项目，要排出唯一优先级，这一点跟敏捷思想完全吻合。

我非常赞同弗格斯的观点，**"项目可能是复杂的，但项目管理不是"**。要想使项目成功，从头到尾抓住几个关键要素，做好就可以了。如何找出关键要素呢？沿着弗格斯提供的路径，我总结为北极星指标、项目规划和条形看板。

1. 北极星指标也叫唯一关键指标（OMTM），意思是这个指标要像北极星一样，高高闪耀在空中，时刻指引我们朝着一个正确的方向前进。项目管理的北极星指标是在第 2 节引入的"项目成功的概率指标"（PSI）。通过计算 PSI 的分值，我们不但可以直观地判断一个项目的"生命体征"，而且可以利用它帮助我们在很多方面管好项目，譬如第 27 节"如何将 PSI 用于项目仪表盘"、第 29 节"如何用 PSI 召开项目状态会议"等。

2. 弗格斯提出了"项目管理十步法"，前五步是规划项目，后五步是执行项目，极为简单明了。通过对其中的每一步按照权重打分，就会快速得到 PSI 的分值。"一点规划胜过不断'救火'"，这句话说明了规划的重要性。如何做好规划呢？我们除了可以参考第 10 节"工作量、工期和时间"、第 11 节"估算问题及如何处理"、第 16

节"可工作时间"等关键内容外，还可以在第18节"用六个简单的步骤制订一个规划"和第46节"如何在一天内确定一个项目的范围和规划"中，找到具体的会议日程及关键点。

3. 如何有效地执行一个项目？如何及时地可视化进展、问题？如何有效地防范风险？如何缩短项目工期？除了第22节"轻量项目跟踪"、第24节"轻量状态报告"、第29节"如何用PSI召开项目状态会议"、第44节"关键路径"、第36节"过滤器一：学习区分唯一优先级"等内容之外，弗格斯还在第47节引入了"条形看板"这个杀手级应用。条形看板来自电影制作行业，因为拍电影的费用高得惊人，即使是低预算的电影，每天的花费也可能是10万美元，所以电影制作人会尽可能地缩短拍摄天数。做到这一点的关键是条形看板，它显示了每个演员（团队成员）在拍摄（项目）的每一天都在做什么。把这种看板形式引入项目管理，可以起到非常好的跟踪效果。此外，如果再结合敏捷中的"每日站会"，将会起到事半功倍的效果。

关于如何阅读本书，我个人建议从头读起，跟随弗格斯的思路，与他一起探索如何管理单个项目，然后探索如何管理多个项目，再到如何事半功倍地管理项目。一旦通读全书之后，你就会像点菜一样，挑选出自己喜欢的菜品仔细品味，然后消化吸收并加以应用。

这本书不但读起来轻松愉快、很容易理解，在结构设计上方便读者查找，而且极具实践指导意义。无论什么类型的项目，只要参照书里的方法来管理，想不成功都难。建议大家人手一册，放在案头，随时查看。当你遇到问题时，尤其是特别棘手的问题时，这本书可以帮助你在有限的时间内以最快的速度解决问题，并获得最佳收益。

关于本书的翻译，首先，我要感谢本书的责任编辑杨佳凝老师对我的信任，把超级畅销书作者的书交给我翻译，同时，还要感谢她为本书的出版所付出的辛劳。其次，我必须感谢我的太太陈立波女士和我的女儿王安琪小朋友，她们是我勤奋工作的动力源。最后，我还要感谢看到这本书的每一个"你"。

所谓"真传一句话，假传万卷书"。希望本书能够让你用最简约的方法解决复杂的项目管理问题，无论是传统的瀑布项目管理，还是敏捷项目管理，都能让你终身受益！

王立杰

IDCF 资深敏捷创新教练

《敏捷无敌之 DevOps 时代》作者，江湖人称"无敌哥"

2021 年 6 月

前言

我的职业生涯始于编写软件——当时被称为"数据处理"。我于 1976 年首次成为项目经理，从那以后我一直从事项目管理工作。

在那段时间里，我学到了一些东西。

- 管理并不复杂，尽管整个行业把它变得如此复杂。项目可能是复杂的，但项目管理不是。
- 如果遵循一些简单的规则，并应用简单的技巧，我们就不需要一次又一次地看到成本高昂的项目失败。
- 人们没有必要为了所谓的"死亡行军"项目牺牲掉他们生命中最美好的时光。
- 使用简单的方法和技巧，项目工期同样可以大大缩短。

如果这些想法对你有用，那么你找对地方了。如果你想拥有更多成功的项目，如果你想比之前预想的更快地完成它们，如果你想在做这些事情的同时享受工作之外的生活，那么这本书将帮助你全部实现。

导言

本书描述的项目管理技巧具有如下特征。

- 常识性：简单易学，易于使用。
- 轻松：不需要大量的时间和精力。
- 高效：可能比你现在做事的方式更高效。
- 最佳实践：利用有助于项目成功的因素，并努力减少导致项目失败的因素的影响。

本书介绍的许多技巧将为你节省时间、精力、资源和金钱。

最重要的是，本书涵盖的技巧在多年的项目管理实践中被证明是有效的。

如果你身处以下任何一种情况，那么本书将对你有巨大的价值。

（1）你是一个项目经理，想要开发一套新的、独特的、高价值的技能集。

（2）你是一个项目经理，有一个任务关键型的项目不能延迟。

（3）你是一个项目经理，管理着一个项目组合。

（4）有人告诉你，你需要"更聪明地工作，而不是更努力地工作"，或者类似"你要事半功倍地工作"这样的话。

（5）你在一家资金有限的初创公司工作，希望将你的产品尽快推向市场。

（6）你所在的公司希望先于竞争对手将产品推向市场。

（7）你所在的组织旨在为客户或股东带来商业利益。

（8）你厌倦了"救火"、加班或令人讨厌的意外，想找到更好的方法来完成工作。

（9）你负责一个项目交付组织（即使用固定资源池交付多个项目的组织）。

（10）你所在的组织认为，为项目节省的每一天都是至关重要的，这会节省资金。

（11）你所在的组织要求在资源不足的情况下完成很多项目。

（12）你很难按时完成项目。

整个行业似乎都是围绕着让项目管理变得复杂而建立的。

其实不然。

你做的项目可能很复杂——从技术上、科学上、逻辑上，但是项目管理并不复杂，正如我们将要看到的，它其实是非常简单的。

目录

› **第一部分**

项目管理基础

> **第二部分**
如何成功地规划一个项目

> **第七部分**

项目管理与你的组织

项目管理基础

本书的这一部分解释了项目管理的基本思想。

1. 项目成功的 10 个步骤

1990 年，我在一家美国软件公司工作，管理欧洲产品开发和客户支持业务。有一天，我们的项目经理问我是否可以在午餐时间给他们讲一讲项目管理，我立刻答应了。然而，在经历了糟糕的项目管理实践后，我很快便忘了这件事。

在演讲开始前一个小时，我才突然想起这件事，于是我抓起一张纸，写下了我认为的项目成功的"秘诀"，如表 1-1 和表 1-2 所示。

表 1-1　规划项目

步骤
（1）弄清项目的目标
（2）列出必须完成的工作
（3）确定项目的领导者
（4）找人来做具体的工作
（5）（a）为规划中的错误留出余地 （b）管理人们的期望

表 1-2　执行规划

步骤
（6）使用适当的领导风格
（7）知道发生了什么
（8）告诉人们发生了什么
（9）重复步骤 1 至步骤 8，直到项目结束
（10）对该项目进行事后分析

那张纸最终变成了我的第一本书——《如何成功地管理项目》（*How to Run Successful Projects*）。在写这本书的时候，我创办了自己的第一家公司——ETP（Eyes on The Prize），我坚信轻量化的、常识性的项目管理是有市场的。

2. 项目成功的概率指标（PSI）

如表 2-1 和表 2-2 所示，这 10 个步骤并不是同等重要的，它们已经按顺序被设置了权重，累加起来为 100 分。

表 2-1　规划项目

分值	步骤
20	（1）弄清项目的目标
20	（2）列出必须完成的工作
10	（3）确定项目的领导者
10	（4）找人来做具体的工作
10	（5）（a）为规划中的错误留出余地 （b）管理人们的期望

表 2-2　执行规划

分值	步骤
10	（6）使用适当的领导风格
10	（7）知道发生了什么
10	（8）告诉人们发生了什么
0	（9）重复步骤 1 到步骤 8，直到项目结束
0	（10）对该项目进行事后分析

通过设置权重，我们能够根据这些标准给项目打分。分值是项目成功的概率指标（Probability of Success Indicator，PSI），可用来衡量项目成功或失败的可能性。在项目生命周期的任何时候，我们都可以用 PSI 的分值来评估项目的进展。

PSI 有三个版本——简单、中级和高级。表 2-1、表 2-2 显示的是简单版本。我们可以通过执行一个简单的 PSI 来检查项目的"生命体征"。

我们将在本书的第四部分看到，这个简单的工具会有各种各样的用途。

3. 你应该像做晚餐一样管理你的项目

想象一下。

现在是傍晚，你决定吃晚餐。

你只想吃意大利面、番茄酱和蒜蓉面包，并且就着一杯红酒吃下去。

那么，下面便是你接下来要做的事。

（1）你走进厨房，打开燃气灶。

（2）你在橱柜里找了找，发现没有意大利面，你要去商店买。希望你记得关掉燃气灶。

（3）你带着意大利面从商店回来，把水烧开，开始煮意大利面。

（4）你有面包、黄油和大蒜，于是你开始制作蒜蓉面包。制作面包的时间和煮意大利面的时间差不多。现在意大利面煮好了，这时你要把蒜蓉面包放进烤箱里。你要保持好意大利面的温度。

（5）蒜蓉面包做好了，然后你要加热调味汁——幸运的是，碰巧橱柜里有一罐番茄酱。你把它倒在温热的意大利面上。

（6）一切就绪。但是，再搭配些沙拉是不是再合适不过了呢？你打开冰箱，幸运的是你有这些配料。当你拌沙拉时，意大利面和调味汁逐渐冷却。

（7）做沙拉酱的油没了。真遗憾，你决定不放沙拉酱了。

（8）蒜蓉面包、一碗加了酱汁的温热意大利面、不加沙拉酱的沙拉——虽然并不是你最初想象的那样，但不管怎样，你向饭桌走去。

（9）可恶！酒呢？你周末喝掉了最后一瓶。

（10）你再去商店……

很可笑吧？一般人不会这样做晚饭。相反，你应该有一个菜谱，它要么在你的脑袋里，要么在纸上。菜谱上有一份完成工作所需的材料和设备清单，还有你做菜的步骤。换句话说，这是一个规划。

　　这就是为什么我们做事情要有规划，因为它可以把我们从沮丧中解救出来。规划能够使我们提前把事情布置好，减少令人不愉快的"意外"发生。

　　做项目也是如此。你可能曾经听到有人说过："我们没有时间去做规划，把它做完就是了。"但这样说通常是不对的。如果你事先做一点规划，你就会更快、更省钱、更省力地完成这个项目。

　　这不是所谓的"分析瘫痪症"，即花大量时间做规划，却没有留下时间去完成。

　　相反，在批判性思维上投入少量的时间会让你从根本上避免大量的失败。

　　如果给本书起另外一个书名，那就是《为什么一点规划胜过很多次"救火"》。

4. 项目管理是世界上最困难的工作

我之前说过，项目管理很简单，正如我打算在本书中向你展示的那样——它的确如此。

但从另外一个角度来说，项目管理实际上是世界上最困难的工作。这是因为，在项目管理中，我们本质上要做的是制订一个规划——对未来的预测，然后让这个预测成为现实。

如果你或者我真的能做到这一点，我就不会写这本书，你也不用读它了。相反，我们会去跑步、去赌场过夜或者去买彩票。

我们经常被要求用一种非常奇怪的方式来做这些预测，有时甚至比这还糟糕。譬如有人说："这个项目交给你做，我知道的也不多，但你必须在这个预算下和这些人在这个日期前完成。祝你好运。"

你不得不承认，真的没有比这更难的了。

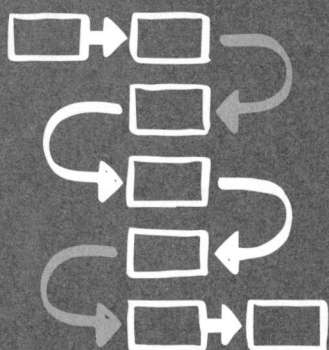

第二部分

如何成功地规划

一 个 项 目

本书的这一部分阐述了项目管理的关键问题以及我们应该如何处理。

事实证明，无论何时，交给我们的项目总是伴随着一些约束，即人们对项目应该何时交付、应该花费多少、需要完成多少工作量和其他可能用到的资源抱有某种期望。

本书的这一部分描述了如何创建一个规划，以及如何借助该规划做出关于约束的明智决策。

第 5 节至第 17 节是关于创建规划的。

你会注意到每一节的标题都指向了第 1 节和第 2 节中介绍的 10 个步骤中的一个。

如果你想看看规划是如何一步一步制订的，就按顺序阅读这些小节。但是，如果你只想看一下关于如何制订规划的总结，那么你可以在第 18 节中找到。第 19 节和第 20 节会告诉你如何处理约束。

5. 你不应该说的一件事

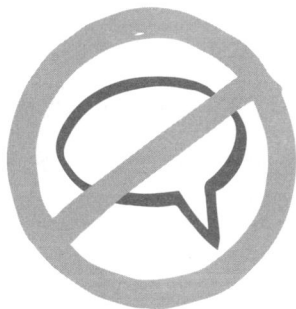

像以注一样进行项目与业务的对比

如果你正在上一门繁重的项目管理方法论的课程，那么讲师可能会在课程的前 15 分钟，一如既往地谈论项目和业务之间的区别。出于某些原因，这些方法论的使用者非常关注这一点。

攻克难关

我们将抱持"任何事情都可以是一个项目"的观点。这件事可以是一个小至一小时的会议，如果你仔细想想就会知道，这样一个会议的议程只不过是一个规划。同样，这件事也可能是你能想到的最大的项目，或者是介于两者之间的任何事情。

这个宽松的定义对我们很有用。

约束

项目几乎总是带有一些约束，即人们特定的愿望或欲望。典型的约束如下。

- 日期：项目必须在某个日期完成。
- 预算：项目必须用一定的资金来完成。
- 资源：项目必须用一定的资源来完成。虽然资源既可以是有生命的（人），也可以是无生命的（材料、设备），但资源约束往往与人有关，所以你必须与现有团队一起完成项目，你必须用更少的资源做更多的事情，诸如此类。
- 范围：项目的范围已经确定，譬如合同中的规定。

约束可能是这些事情的组合。

"当然可以"只在你要买除臭剂时才适用

很多人在面对约束时觉得自己别无选择，只能说"是"。所以，他们最终在面对这个项目时说"当然可以"。

让我们明确一点，如果你要买除臭剂，那么说"当然可以"

没问题，但是在项目管理中，我们永远不要这么说。当我们对某件事知之甚少时，我们绝不应该为之承诺。

相反，我们应该做每一个明智的专业人士在接到项目时都会做的事情。我们应该评估请求，然后提出可能的前进方向，即我们可能采取的行动方案。想想那些评估病人、给出诊断并提出治疗方案的医生；想想评估一辆汽车，给出诊断，然后提出补救措施的技师；想想你能说出的任何专业人士，他们总是这样做的。

所以，在这一点上，你应该说："我先看看它，这是我在这个阶段唯一准备承诺的事情。"

6. 如果你不知道项目的最终目标

罗马哲学家塞内加（Seneca）在大约 2000 年前就说过："如果一个人不知道自己要驶向哪个港口，就无所谓顺不顺风。"

在《爱丽丝梦游仙境》（*Alice in Wonderland*）中，柴郡猫也说了同样的话：

爱丽丝：请你告诉我，从这我该走哪条路，好吗？

柴郡猫：这在很大程度上取决于你想去哪里。

爱丽丝：我不太在乎去哪里。

柴郡猫：那你走哪条路都没关系。

我公司的名字"ETP"取自短语"眼睛盯着奖品"（Eyes on The Prize）。在选择名字时，我们试图强调，要想取得项目的成功，准确知道最终目标是什么是至关重要的。

许多人以多种不同的方式说过这句话，但它现在仍然和塞内加第一次说这句话时的寓意一样。我们可以假设塞内加不是第一个说这种话的人。我相信一个穴居女人对她的男人指出过这一点，当他没能抓住长毛猛犸象，空手回到家中时，他就会谈起他和他的猎人同伴们的有趣旅行，以及他们有多勇敢。

接下来的几节将会讨论如何确定一个项目的最终目标，由于这个问题非常重要，我们需要用单独一节来讲。现在跟我重复一遍："如果一个人不知道自己要驶向哪个港口，就无所谓顺不顺风。"

把这句话写一百遍，别忘了。

7. 项目目标和边界

我在前面说过，项目管理很简单。没有什么比"盒子"和"云"的概念更能体现这一点了。

这个想法如此简单，我们几乎可以追溯到小学课堂。尽管如此，这是项目失败的一个常见的原因。

几乎所有的项目都始于对要做的事情的一个大概的想法。我们有一个目标，即我们知道我们要做一些事情，但具体是什么或如何实现却是模糊的。我喜欢把这种类型的目标想象成一朵云，就像一个卡通人物头上的思维泡泡。

但是作为项目经理，我们不能在云里处理问题——我们不能交付模糊的东西。我们试图做的事情，即我们的目标，必须是有边界、有明确定义的，特别是，我们必须知道我们什么时候能够实现目标。我喜欢把这种目标想象成一个盒子。有些事情要么在盒子里（即目标的一部分），要么在盒子外（即非目标的一部分）。

当一个项目的目标是一个盒子时，我们就有了一个清单。如果盒子里面的事情都做完了，那么项目也就完成了。

当一个项目的目标是云的时候，情况就完全不同了。注定会发生的是，团队疯狂地工作，交付了一些盒子，然后说："我们做得不好吗？"老板会看着那些盒子说："嗯，我以为这个（指着另一个盒子）是我们正在做的。"客户会说："我以为我拿到的是那个（指着另一个完全不同的盒子）。"其他人会有不同的观点，由此产生的期望差距会给很多人带来不愉快。

你一定不想掉进这个陷阱，你要确保你所有的项目都有像盒子一样的目标。下一节告诉你如何确保做到这一点。

8. 什么是成功的项目

让利益相关方满意

什么是成功的项目？按期完成的？在预算内完成的？符合利益相关方要求的？以上都是吗？除此之外，还有什么评判标准吗？

简单来说，一个成功的项目就是"让利益相关方满意"。

为了避免任何疑问，利益相关方是与项目有利害关系的人。更准确地说，他们是以某种方式受到项目结果影响的个人或群体，无论影响是积极的还是消极的。

每个利益相关方都有"完成标准"，每个利益相关方都将其视为项目可能达到的最佳效果。

例如，假设我是一个老板，给了团队一个不可能完成的最终期限，那么我的完成标准将是团队按期完成。相反，假设我是一个团队成员，在过去的 9 个月里一直在加班加点。我的项目完成标准可能是每周正常工作 40 小时，回家能有自己的生活。

因此，对于每个不同的利益相关方来说，完成标准可能是不同的，他们可以将项目推向不同的方向。

作为项目经理，我们的工作是提供一套或复合的完成标准，让尽可能多的利益相关方满意，最好是让所有的利益相关方百分之百地满意。

让利益相关方满意的步骤：

（1）确定他们是谁；

（2）找出什么事能让他们快乐，或者直接问他们，不要假设你知道；

（3）不要假设每个人的完成标准都一样；

（4）把完成标准写下来。

如何做到这一点？

列出所有的利益相关方，写下他们的每一个完成标准，并让他们在你的记录上签字。

我们如何知道何时能够完成

每个成功的项目都会按时结束。总会有一些最后一分钟需要完成的最终的工作。

想想新的桥梁、隧道或高速公路何时开通。一些高级政府官员出面为这一新的基础设施剪彩。剪彩是这个项目象征性的最后一项工作。它告诉我们现在剪过彩了，基建项目结束了，也就是完成了。

类似地，当一艘船下水时，要在船头击碎一瓶香槟，然后船滑下船台，进入水中。希望它能漂浮起来并打破这瓶香槟是象征性的最后一项工作。它告诉我们，既然香槟的瓶子已经被击碎了，造船的工程就结束了。

许多项目陷入困境是因为我们对什么是完工没有一个清晰的认识。结果是团队认为自己已经完成了，但是客户有不同的观点，其他利益相关方也可能有其他观点。

通过与利益相关方商定项目的最后一项工作是什么，作为项目经理，你就消除了所有可能的不确定性和疑虑。

我们经常用"越过终点线"来表达任务的完成。了解我们项目中的最后一项工作，并与所有利益相关方达成一致，意味着我们确切地知道这条终点线在哪里。一旦最后一项工作已经执行，项目就会结束——结束得清晰、客观，不再受某些观点的影响。

　　那么，你该怎么做？你要与你的利益相关方一起，弄清楚项目的最后一项工作是什么，让利益相关方同意并签字。

　　最后，请注意，所有这一切的前提是你的目标是一个盒子，而不是一朵云。

9. 变更控制

但还有一个问题，我听你说到。从一个目标（盒子）开始，最初一切都很好，但是，随着项目的开展，事情发生了变化，目标发生了变化，我们发现有更多的新情况出现，利益相关方要求完成更多的事情、额外的事情。说 21 世纪会发生很多变化已是老生常谈，我们的项目，即使是小项目，在它们的生命周期中也会发生变化。如果我们不小心，我们的漂亮、整洁的盒子很快就会再次变成一朵云。

虽然事情确实会发生变化，这没有问题，但我们的项目管理方法要允许这些变化发生，我们要有"变更控制"。

变更控制意味着当一个项目发生变更时，不管变更是大是小，我们都会正确地响应变更。"正确响应"是指我们从以下三个选项中选择一个。

（1）**声明该变更是一个巨大的变更。**项目经理犯的最大的错误之一是，一旦他们对一个项目规划做出承诺，不管项目生命周期中发生什么变化，这个规划都必须保持不变。这显然是行不通的。例如，如果利益相关方要求完成许多额外的事情，那么很明显，最初的规划已不再适用了，这时必须对其进行变更。同样，如果你的项目资源被剥夺了，给了其他项目，那么一切都不一样了，你必须根据这些新的、已经发生改变的情况提出一个新的规划。如果项目中发生的一些变更是很大的变更，那么你必须跟利益相关方沟通清楚。

（2）**用应变措施来应对变更。**很多变更都不是大变更，它们只是项目中可能出现的、小的、意想不到的事情。为此，你需要在规划中有应变措施。例如，你可以在项目结尾增加一些额外时间来应对这些意外情况。

（3）**接受变更（多干活）。**最后，如果有大的变更，但你没有勇气向利益相关方表达；或者如果规划中没有应变措施（你一开始没有添加，或者你添加了，但一些糊涂的人把它们去掉了，而你没有阻止他们），那么你只有一个选择，就是接受它——多干活，以处理变更。

只有当项目开始后，才有进行变更控制的必要。第 22 节研究了如何通过轻量项目跟踪做出正确选择。本节我想向你保证变更是会发生的，并介绍变更控制的概念。

10. 工作量、工期和时间

工作量和工期

注意！工作量和工期真的很重要。

即使你知道这一点，也要注意！这真的非常非常重要。

- 有一个术语叫作"工期"，有时它也叫作"耗时"，是指一件事情需要多长时间才能达到约定的终点，以正常的时间单位来衡量，譬如小时、天、月等。例如，足球比赛的正常持续时间是90分钟。

- 还有一个术语叫作"工作量"，有时它也叫作"精力"，是指特定工作的工作量，以人天、人小时和人年等单位来衡量。在一场足球比赛中，如果我们算上两支 11 人的队伍、1 名裁判、2 名裁判助理和 1 名裁判员（共 26 人），那么工作量 =26（人）×90（分钟）=26（人）×1.5（小时）=39（人小时）。

人们往往会混淆工期和工作量，而你并不想把它们搞混。

工期很重要，因为它能使我们计算出完成一个项目的全部或部分需要多长时间。

工作量也很重要，因为它能使我们理解：

- 项目有多大，其中包括多少项工作，尤其是需要做多少事情；
- 这个项目的成本是多少；
- 完成这个项目需要多少人。

时间

当我们开始讨论我们的项目估算时，我们需要一些规则。

- 在英国，一年有 223 个工作日，即 365 天 −104 天（周末）−30 天（休假）−8 天（公共假期）=223 天。如果你的团队没有获得同样多的假期，或者你的国家有不同数量的公共假期，那么你做出相应的调整即可。

- 我们还可以说：

  - 一年有 12 个月；
  - 一周工作 5 天；
  - 一个月有 20 个工作日。

- 虽然这些规则似乎会引起一些计算问题。例如，因为每个月不都一样长，所以每个月工作日的数量不同。但事实上你会发现这没有问题，这些规则会很好地发挥作用。

11. 估算问题及如何处理

第 4 节阐述了项目管理所涉及的对未来进行预测的思想。当我们被要求对一个项目进行估算时，也许没有什么问题比需要多长时间、需要多少人、需要多少成本等估算问题更加突出。项目的利益相关方想知道所有这些事情，而且他们想精确地知道。

不幸的是，没人能做到。

没有可以学习的课程，没有可以参考的书，没有能使用的软件包，能让你百分之百准确地做到这一点。

我们所能希望的最好的情况是让误差尽可能小。

虽然这个问题没有根本的解决办法，但有两件事可以极大地帮助我们，它们是：

- 制订详细的规划；
- 从以前的项目中学习。

制订详细的规划

俗话说："细节决定成败"，事实也的确如此。当你开始深入研究项目的细节时（我们将在下一节中思考具体有多少细节），你会发现有各种各样的事情，如果你在项目后期才发现它们，这些事情一定会给你带来麻烦。这就是深究细节的首要目的。

深究细节还有第二个目的。它有助于限制估算误差的大小。

我在我的项目管理课程中做过一个练习，我要求大家估算阅读一份 15 页的文档所需的时间。在状态特别好的一天，我会得到一个最高值和最低值之间相差几十倍的结果。例如，一个人说 2 小时，另一个人说 5 天。而在状态糟糕的一天，相差可能有几百倍。这和课程参与人的智力、学历、知识、专长、动力或者其他因素都没有关系。确切地说，这表明预测未来是多么困难。

假设我们估算完成某件事情需要 1 个月的时间，而结果可能需要 20 个月。如果我们要对高层级的细节进行估算，那么这将是一场灾难。

不要笑，这样的事情和更糟糕的事情都曾发生过，例如柏林勃兰登堡国际机场项目。

然而，如果我们在估算时能够深入到较低层级的细节，那么这将只是一个"麻烦"，而不是一场灾难。

从以前的项目中学习

在一个完美的世界里，在你的组织里，会有一个计算机系统，里面会有自你的组织成立以来完成的所有项目的详细档案。

当你需要规划一个新项目时，你能选择做的第一件事是让计算机系统展示出与你的项目相似的档案。你会在这个信息宝库中看到非常有用的内容，比如：

- 为了完成这个项目，我们必须做什么，即要完成的所有琐碎的工作；
- 这些工作花了多长时间，需要多少工作量、多少成本；
- 在项目的整个生命周期中需要多少人和其他资源；
- 其他。

然而，这只是一种理想状态，因为在大多数组织中，不存在这样的计算机系统。而且，即使它确实存在，档案也往往相当粗糙且不完整。

尽管如此，在第22节中，我仍将向你展示如何构建你自己的计算机系统并获取这些信息。它需要的工作量几乎可以忽略不计，但你收集到的数据将非常有价值。原因有两个，第一个原因我们刚刚已经看到，它将帮助你尽可能准确地估算你的项目。

第二个原因是它将帮助你向利益相关方推销你的规划（我们将在第 19 节和第 20 节中讨论）。不可避免地，一些利益相关方会质疑你的估算，譬如"为什么这项工作需要 5 天才能完成？如果换作是我，我可以只花半天时间就能完成"。但是，有了这样一个系统，你可以说，"伙计，这的确需要 5 天，因为它一直是 5 天完成的。"

12. 如何准确地估算任何事情

任何项目的完成，无论是大项目还是小项目，都是因为一系列的工作已经得到实施。

在项目完成后才确定这些工作的顺序，有时被称为"项目事后分析"，也常被戏称为"灾难分析"！

在项目进行的过程中，弄清楚工作的顺序叫作"救火"。在项目开始之前弄清楚工作的顺序叫作"规划"。

如果你想准确地估算任何事情，下面的方法会帮到你。

（1）**与项目团队一起制订规划**。你要让项目团队中有专业知识的人来制订规划。如果他们还尚未被确定、被分配或被雇用，那么在你完成规划后，你要找人帮你检查一下。

当我说"检查"时，我指的是一行一行地评审。当你向你的利益相关方推销你的规划时，你会对此心存感激，因为你知道自己在估算中没有犯愚蠢的错误。例如，把工期和工作量混在一起，或者发生计算错误。

（2）**找出大块工作或大的阶段**。如果我们把一个项目看成是通往目的地的一次旅程，那么下一步就是找出旅程中的重要部分——那些让你从头到尾必须完成的大块工作。

（3）**搞清楚琐碎工作**。对于每一个大块工作，将组成该大块工作的琐碎工作找出来并分解。如果你想知道琐碎工作有多琐碎，那么可以估算一下工期和工作量，每项工作应该会持续 0.5~5 天，每天需要 0.5~5 个人的工作量。（虽然也有例外，例如，许多军事行动都是按分钟规划的，但这种"0.5~5 天"的规则应该适用于你我所做的大多数事情。）

（4）**用简单的语言表达你的意图**。对于你所确定的每一个琐碎工作，确切地说出该工作的内容。注意不要使用复杂或听起来花哨的语言。我的培训课程给出的建议是，写出一个十岁的孩子能看得懂的规划。

（5）**运用知识和假设**。项目管理中所产生的问题，是由在项目进行过程中，我们对项目的了解程度不够，很难掌握所有的事实造成的。我们只有在项目结束的那一天才能知道全部事实，而那时对我们已没有意义，因为一切都已结束。为此，我们需要在不了解事实的情况下使用假设。这些假设是规划的核心部分，这意味着如果它们中的任何一个被证伪，那么由此产生的变更可以被视为重大变更（见第9节）。

（6）**使用因果关系**。琐碎工作不是独立存在的。一旦我们规划一项工作，它就会触发其他工作。所以，我们在这里需要不断地问自己："接下来会发生什么？"通过反复问这个问题，我们会建立完整的琐碎工作链，它将带领我们从项目的起始到结束。当我们遇到一个项目，而我们又没有操作这个项目所必需的知识时，这个方法便是一种保障！我们可以做出假设并记录下来。然后，持续构建从项目起始到结束完整的琐碎工作链。

（7）**存储所有信息**。接下来，我们将所有信息列在"工作分解结构"（WBS）中。这个结构化列表会显示：

- 项目的名称；

- 如何将项目分解成大块工作；

- 如何根据我们需求的详细程度，进一步分解这些大块工作，直到达到 0.5~5 天的细节层次。

（8）**在甘特图中表现出来。** 最后，这些信息通常用甘特图来表示。如图 12-1 所示：

- 左侧下方是 WBS；
- 工作的工期映射到右侧的日历上；
- 在这两者中间，显示了工作量、工期和依赖关系，我们将在后面讨论其中的内容。

项目 X	依赖关系	工作量（人天）	工期（天）	备注	日历 1 2 3 4 5 6 7 8 9 10 11 12
1. 需求分析					
2. 系统设计					
3. 系统构建					
4. 系统集成测试					
5. 系统用户测试		12			
5.1 第一轮测试	5.1	3	3	所有的评估都假设开发团队成员是全职工作的	
5.2 修复错误后的集成测试	5.2	2	2	我们在测试结束前开始修复工作	
5.3 第二轮测试	5.3	3	3	假设你再次测试全部内容	
5.4 修复错误后的集成测试	5.4	1	1	假设你发现的错误较少	
5.5 最终测试		3	3	这显然简化了。在现实中，可能会有多轮测试周期	

图 12-1　甘特图示例

13. 项目预算

　　为了计算项目预算，你只需要知道你在第 12 节中确定的每项工作，都落到以下三个类别之一中。

- **仅限劳动力成本**：工作成本就是做这项工作的人的成本。
- **劳动力加其他成本**：工作成本是做这项工作的人的成本，再加上其他成本（下文有解释）。
- **分包**：将工作外包给另一个组织。

仅限劳动力成本

这意味着工作成本是做这项工作的人的成本。要弄清这一点，你需要知道：

- 工作量，以估算的人天表示；
- 平均每日费用。

关于平均每日费用，你可以咨询财务部的同事。如果他们帮不上忙，你可以随时做出假设。我经常用下面的方法来估算平均每日费用：

- 以一个知识型员工的平均工资为例，在撰写本书时，英国的知识型员工年平均工资为 4.9 万英镑；
- 将其除以一年中的工作天数（详见第 11 节）223 天，得出日均工资为 220 英镑。

你可以将这个平均日薪翻倍，得到一个平均的"综合日工资"（即不仅仅是工资，还包括所有与工资相关的费用，以及所有其他成本——办公室租金、取暖费、电费、保险费、远程办公费等）。

劳动力加其他成本

通常，这些其他成本是设备成本、材料费和差旅费等。

人工成本如前所述。对于每项其他成本，你有以下三个选择：

- 询问供应商；

- 在网上询价（例如，如果你正在等供应商给你一个方案或报价）；

- 做出假设（例如，如果利益相关方催促你制订一个规划，而你没有时间等待供应商或上网查找）。

分包

有些工作可能会通过协议费用分包给外部组织。

分包合同所涉及的工作如下：

- 寻找分包商；

- 告诉他们你想让他们做什么；

- 管理分包合同并处理出现的任何问题；

- 圆满完成分包合同。

估算这项分包工作的成本，并将其添加到所有分包工作中，得出项目的最终分包成本。

然后，将这些预算数字存储在甘特图的附加列中。

14. 项目管理工作的工作量

我不知道你是否喜欢西部片，而不管你喜欢与否，我都相信你已经看过或了解过。但如果你从没看过这些电影，并且很好奇，那么我推荐你看一下电影《红河》（ *Red River* ）。

在这些电影中总是有"赶牛人"。这个人的工作就是把牛群从起点赶到终点。我们可以把你确定的所有琐碎工作看成是牛群，项目经理的工作就是确保所有这些琐碎工作都能完成。

因此，项目中必须有一个"赶牛人"。

"项目经理"和"赶牛人"不仅仅是头衔，而且它们具有实际的工作职责。因此，我们必须估算完成这些工作所需的时间，就像我们估算所有其他工作一样。

如果你的组织中已经有这方面的经验法则，那么请使用它。如果没有，就拿项目总工作量的 10%（不是工期），预留给项目管理工作。

在你的甘特图中插入一条叫作"项目管理"（如果你想要更华丽一点的叫法，那么可以叫作"赶牛人"）的附加线。在"工作量"一栏中输入数字 10%，这项工作的工期就是项目的工期。

15. 供需不仅仅是经济学家的事

和生活中的很多事情一样，我们可以把项目管理当作一个供需问题。需求是项目估算的总工作量（人天），供给是那些将要提供这些人天的人。

为了项目成功，这两个数字必须相同。

然而，这种简单的世界观被两个因素搞乱了。首先，需求有上升的趋势。例如，利益相关方可能会说："我们能有更多的东西吗？我们可以有额外的东西吗？它能这样做吗？"或者说："我以为我也能得到那个。"其次，总的工作量可能被低估，这意味着我们有更多的工作要做。

然后我们会两头吃苦，因为随着需求的上升，供给将下降。

当我们无法获得预期的资源时，就会发生这种情况；或者有人上周一打算参加这个项目，但是她的另一个项目却发生了延期，也就是说，我们要四周后才能把她找来；或者我们以为我们的团队成员会全职工作，但大家最终每周只工作两天。项目就是这样。

如果这两个数字——供给和需求失去平衡，项目就会开始偏离既定轨道。

如果它们持续失衡，项目就会一败涂地。

在估算了前面几节的总工作量（需求）后，我们现在必须计算供给量。我们将在下一节讨论这个问题。

16. 可工作时间：项目的无声杀手

我们的规划（如第 12 节中的甘特图所示）中已经有了需求，即确定了需要完成的工作。我们现在必须增加相应的供给。我们通过在规划表中增加两个额外的列来实现，以显示谁将做这些工作以及他们的可工作时间。

因此，我们的规划如表 16-1 所示。

表 16-1　项目规划

	依赖关系	工作量（人天）	工期	人员	可工作时间	日历 1 2 3 4 5 6 7 8 9 10 11 12 13 14 15
项目 X						
1.需求分析						
2.系统设计						
3.系统构建						
4.系统集成测试						
5.系统用户测试		12				
5.1 第一轮用户测试		3	3	用户	全职	
5.2 修复错误后的集成测试	5.1	2	2	查理	半职	
5.3 第二轮测试	5.2	3	3	用户	全职	
5.4 修复错误后的集成测试	5.3	1	1	查理	半职	
5.5 最终集成测试	5.4	3	3	用户	全职	

人员

如果我们知道这些人是谁，就把他们的名字填写到"人员"列中。如果我们还不知道他们是谁，我们可以对我们需要的技能或人进行描述，譬如"金融专家""Java 程序员"，诸如此类。然后，为了陈述显而易见的风险，在未来的某个时候，这种泛泛的描述必须被某个温暖的、活生生的、充满爱的人所取代。

可工作时间

可工作时间可能会对项目产生灾难性的影响。要了解灾难有多严重，请考虑以下示例。

假设有一项工作，我们估算需要 10 人天，并且有一个同事可以全职做这项工作（即每周五天）。这项工作的工期将会是两周。

现在假设，这个人实际上每周只有一天时间能用于这个项目。那么，这项工作的工期至少为 10 周。我说"至少"，是因为我们还必须考虑到他放下工作，并在一周后再回到工作中来所花的时间。而且，通常情况下，每周的这一天，这个人也不能做到一整天都完全专注于该项目的工作。在满足一天 8 小时的工作时长之前，更有可能是连续几天每天花费几个小时。因此，该项工作可能在一周内被多次放下和捡起，当超过 10 周时，放下和捡起的次数就可能达到 30 次、40 次或 50 次。这些都在原来 10 人天的基础上增加了额外的时间。

看似非常小的差异——每周一天，而不是每周五天的工作时长——导致我们将至少有 8 周的时间延迟，那就是两个月！记住，这只是一个琐碎工作。项目中涉及的每个琐碎工作都这样吗？项目很可能是多任务处理的（即人们把时间分散在多个工作上），就像多人网络游戏"MUD"一样常见。

由此，我们很容易看出一个项目的时间延迟可能是非常久的。或者，换句话说，如果阻止时间延迟，就需要有充足的额外工作时间。

因此，我们需要知道人们真正的可工作时间。我们通过综合考虑他们的其他承诺来估算其可工作时间。

下面有几个例子，展示了如何计算可工作时间。

可工作时间的例子

第一个例子涵盖了 6 个月的周期：1 月至 6 月。计算的基础是一个月有 20 个工作日，一周有 5 天（不考虑不同国家不同的工作天数，你可以根据自己的情况调整这个数字。例如，在欧洲，大多数公司 12 月肯定不足 20 个工作日）。有关可工作时间和工作量的解释，请参见表 16-2。

表 16-2　有关可工作时间和工作量的含义

可工作时间	120 天	20 天	20 天	20 天	20 天	20 天	20 天
工作	需要时长	1 月	2 月	3 月	4 月	5 月	6 月
项目 A	12 天 / 月	12 天	12 天	12 天	12 天	12 天	12 天
项目 B	24 天	8 天	8 天	4 天	4 天		
项目 C	10 天				2 天	4 天	4 天
销售	2 天 / 周	10 天	10 天	10 天	10 天	10 天	10 天
收发电子邮件、处理行政事务	1 天 / 周	5 天	5 天	5 天	5 天	5 天	5 天
假期	10 天						10 天
总工作量	206 天	35 天	35 天	31 天	33 天	31 天	41 天

　　"工作"这一栏列出了这个人要参与的所有工作。下一栏估算了在调研期间这些任务所需的工作时长。每月天数、每周天数、每天小时数或者仅仅是简单的几天，都是记录需要完成多少工作量的好方法。剩下的几栏显示了这些时间在调研期间的分布情况——在本例中为 1 月至 6 月。

　　还有另外两个值得注意的地方：一个是最上面一行，显示每月有多少天可以工作，这里总共是 120 天；另一个是最下面一行，是这个人必须做的所有工作量的总和。在这个例子中，它是 206 天，所以这个人有 86 天要超负荷工作。也就是说，这个人要做的工作量比在可工作时间内完成的工作量多 70%。

如表 16-3 所示，这个例子是针对一个做混合项目的人，每个项目都需要合理预测所需要的时间，以及其他种类工作所需要的时间。任何人都可以进行这种供需计算，即使他们的工作非常不可预测。如果你的工作是这样的，那么最好的办法是记录下实际发生的事情，比如在某一周或几周内，并以此为起点。下面的例子展示了这种工作的供需计算，以及在给定的一周内实际所花费的时间。

表 16-3　混合项目工作时间预测

	总计	8	8	8	8	8	0	0	40
	小时数	周一	周二	周三	周四	周五	周六	周日	
（1）打电话	9.25	2.25	2.50	3.00	1.00	0.50	0.00	0.00	
（2）处理行政事务	7.50	1.75	0.50	0.75	1.50	3.00	0.00	0.00	
（3）向老板汇报情况	1.00					1.00			
（4）使用 Office 软件	4.75	1.00	0.50	1.00	1.00	1.25	0.00	0.00	
（5）管理员工	6.25	2.00	1.00	1.00	1.25	1.00	0.00	0.00	
（6）处理邮件、制作工单、打电话	5.25	1.00	1.25	0.75	0.75	1.50	0.00	0.00	
（7）被打扰	7.50	1.00	1.25	2.50	2.00	1.50	0.00	0.00	
（8）开会	6.25	0.00	0.75	1.50	3.00	1.00	0.00	0.00	
（9）把工作带回家	6.00		3.00				0.00	3.00	
	53.75	9.00	10.00	10.50	10.50	10.75	0.00	3.00	

注：超负荷 34% 的工作量

17. 如果出了问题怎么办

你知道项目是会出问题的。

处理问题有两种方法：首先是第一时间想办法阻止项目出错；其次是为某些事情的发生准备好备用方案，即应变措施。从一开始就防止出错，就是所谓的风险管理。

风险管理

下面讲述如何做风险管理。

同样，和你的团队一起工作，就像你在做估算时一样（见第 12 节），集思广益，列出风险清单（即你能想到的在项目中可能出错的所有事情）。一个好的切入点是我列出的下面 12 个最常见的项目失败的原因。

（1）没有恰当地定义好项目目标。

（2）虽然恰当地定义了项目目标，但变更却不受控制。

（3）未识别出所有的利益相关方。

（4）虽然已经识别出利益相关方，但工作完成标准未确定。

（5）项目规划或项目估算不当。

（6）项目领导不当。

（7）虽然项目规划或估算是合理的，但是未按规划提供资源。

（8）项目规划中没有应变措施。

（9）未管理好项目参与者的期望。

（10）项目规划得很好，但未对规划的进度进行适当的监控。

（11）项目汇报不充分或不存在。

（12）当项目陷入困境时，人们认为可以通过简单的行动来解决问题（如更加努力、延长最后期限、增加更多资源）。

回顾一下你参与过的其他项目都出过什么问题。请思考以下几点。

- 这些问题会在这个项目中发生吗？大家一起绞尽脑汁，想出所有能想到的问题。

- 根据风险发生的可能性从 1 到 3 进行分级，其中，"1" 代表低风险，"3" 代表高风险。

- 根据每个风险对整个项目的可能产生的影响进行分级，同样使用 1 到 3 的等级，其中，"1"代表低风险，"3"代表高风险。

- 将每个可能性分数乘以其对应的影响分数，由此得出的数值就是风险暴露指数，即风险暴露的程度，它表明你们对风险是否够开诚布公。

- 对于风险暴露指数为 6 或 9 的所有风险，需要确定可以降低或消除风险的举措。这些举措需要添加到工作分解结构中（参见第 12 节）并执行。

应变措施

如果你曾经在去赴约或去机场时，给自己预留过一些额外的时间，你就会理解这么做的必要性了。这是采用应变措施的最简单的方法。

给项目增加一些额外的时间，我建议这个时间为项目工期的 10%~15%。本质上来说，这起到了在额外的一段时间内保留住团队资源的效果。

假设你的团队中有五个人在做一个特别的项目。他们是全职的（即每周工作五天），你决定增加三周的应变时间。在这三周内，你将有 75 人天（15 天 × 5 人）的应变时间。你现在会很欣慰地知道，如果发生意想不到的事情，你可以用 75 人天的储备来解决。

18. 用六个简单的步骤制订一个规划

至此，根据第 5~17 节的内容，你可以看到规划应该包括以下六个方面。

（1）我们试图做什么（目标）？我们如何知道项目已经完成？

（2）为了实现项目目标，我们需要做什么？

（3）谁会做那些事情？

（4）谁来促使这一切发生？

（5）如果出了问题，那么我们该怎么办？

（6）我们能防止事情出错吗？

我们如何知道项目已经完成

解决这个问题的最好的办法是写下以下两个问题的答案。

- 项目的最后一项工作是什么，即执行什么样的任务标志着项目的结束？
- 谁是项目的利益相关方，他们所认为的项目的最佳结果是什么？

为了实现项目目标，我们需要做什么

第12节讲述了如何回答这个问题。回答这个问题的关键部分是估算背后的一系列假设。其中一种表示方法是在甘特图上标示：

（1）工作分解结构（即项目是如何被分解成大块工作的，大块工作又如何被分解成小块工作，直到被分解成最小块的工作，见第12节）；

（2）每项工作的估算工作量（人天）；

（3）映射到甘特图日历上的每项工作的估算工期；

（4）工作项之间的依赖关系；

（5）每项工作的预算，这可以根据工作量来计算。

谁会做那些事情

这可以通过甘特图上的两个额外的列来显示：

（1）由谁来做这项工作；

（2）每个人的可工作时间。

谁来促使这一切发生

项目经理是谁？将"项目管理"添加到你的工作列表中。如果你有一个经验法则可以用来估算一个项目所需的项目管理的工作量，就使用它；如果没有，那么你可以按项目总工作量的 10% 来估算。项目管理工作的工期就是项目的工期。

如果出了问题，那么我们该怎么办

解决这个问题最简单的方法是把项目工期增加 10%~15%，以涵盖处理意想不到的事情的时间。请注意，这有助于多保留团队一段时间。这意味着你基本上有一个可计算的、额外的人天储备，可以用来处理意想不到的事情。

我们能防止事情出错吗

第 17 节描述了风险管理。通过估算项目的风险（利用每个风险的可能性和影响来估算），你可以评估在规划中添加额外工作来避免风险的必要性。风险越高，就越有必要增加这样的工作。

19. 处理约束

好了，如前几节所述，你已经制订了你的规划。该规划围绕以下四个参数构建：

- 将要交付什么；
- 什么时候交付；
- 交付所需的工作量；
- 交付物的质量，项目中必须有对应的工作覆盖这项内容（例如评审、测试和质量保证）。

到了该讨论约束的时候了（见第 5 节）。对于这些约束，有以下两种可能性。

- 规划表明约束是可以实现的。太棒了！你可以放心大胆地告诉利益相关方"我们可以做到"，然后开始执行你的规划（正如本书下一部分所讨论的）。你要相信这个规划会成功，因为你已经尽了最大的努力来确保它会成功。
- 规划表明这些约束是无法实现的。前一个场景的唯一问题是它不经常发生。更有可能出现的情形是，规划表明无法实现约束。

而如果约束无法实现，那也没关系。

通过改变四个参数：做什么（What）、什么时候做（When）、工作量（Work）和质量（Quality），我们可以得出这个规划的其他版本。这样，我们需要的只是一个新版本规划，如果利益相关方愿意接受这个版本，我们就可以开工了。

约束是愿望，我们应该这样对待它们。它们是利益相关方的愿望，也是我们乐于实现的。如果可以，我们就会去实现它们。如果我们做不到，我们就尽可能地接近愿望，而不损害项目成功的可能性。

以下是我们如何使用这些参数来生成多种选择。

做什么（What）

- 缩小项目范围。
- 建议分阶段交付或增量交付。

什么时候做（When）

一些约束日期是"硬性"日期，即它们是无法改变的。据我所知，硬性日期只来自三个领域。

- 由某个政府机构设定。
- 由某个高高在上的老板设定，你没有可能和他争论。这种情况的一种变形是由"系统"设置的日期（例如，每年的某个时间都会发生一些事情）。
- 在合同中设定（即它们具有法律约束力）。

在其他情况下，大多数日期是"软性"日期，即它们是可以改变的。这意味着，如果你发现需要更改日期，你就可以把这些日期作为可选项。

工作量（Work）

第三种方法是向项目中增加人员。你需要小心这一点，因为这可能会产生意想不到的后果（例如，你可能会放慢项目进度）。虽然这听起来可能非常违背直觉，但如果你仔细想想，就会明白为什么会这样。当你向项目增加人员时：

- 你必须找到这些人并雇用他们，跟他们签订合同，或者把他们从其他团队或组织中转移出来；
- 你必须找到能让他们工作的地方和工具；
- 他们有学习曲线；
- 他们让已经在项目中的人耗费额外的时间；
- 他们会犯已经在项目中的人几年前就不再犯的错误。

当我们考虑了所有这些因素后，向项目中增加人员可能会：

- 有很小的效果；
- 一点效果都没有；
- 放慢速度。

但你可以测试一下，在你的项目中增加人员是否会有所不同。你可以制订一个包含所有上述行为的规划，看看它们是否有积极的影响。如果是，你就去雇用这些人；如果不是，也没关系，你还有另外三个参数可以用。而且，如果你正面临一个硬性日期，那也没关系，因为你还有另外两个参数要处理，即项目的范围和质量。

所以，正如你所看到的，你从来都不缺乏可以向利益相关方提供的选项。

质量（Quality）

你最有希望做到的是缩短评审或审批时间。这可能特别有帮助，因为这是一个向利益相关方展示他们在满足自己的约束方面可以发挥作用的机会。

> 所以，针对以上四个参数，你可以单独使用，或者使用你喜欢的任何一种组合。无论你是否有一个硬性时间，无论你向项目中增加人手是否有所帮助，你都可以创建各种版本的规划。你需要的只是让利益相关方接受，并且能让你马上开工。

20. 应对不可能完成的项目和非理性的利益相关方

有时，这个世界并不像前几节描述的那样美好，我们最终不得不与那些对规划、事实、数字或供求等概念不感兴趣的利益相关方打交道。尽管有大量证据和案例研究证明这永远不会成功，但他们依然只是简单地说，"我不在乎，无论如何我都想做"。

非理性的利益相关方和不可能完成的项目是项目经理工作和生活中的两大障碍。

你可能被迫从一个非理性的利益相关方手中接受了一个不可能完成的任务，有趣的是，有时这个不可能完成的任务会成功。当然，你可能经历了痛苦的熬夜加班、取消假期和周末工作等。

哈！这确实成功了，所以你会说，这个不可能完成的任务对你来说是好事。你可能失败的风险可以被你可能成功的事实抵消。

但是，也不尽然。如果你成功地完成了一项不可能完成的任务，那么接下来发生的事情，就是这种绩效水平突然变成了新的标准。任何事情不这样做都是完全不能被接受的。从现在起，你必须承担起一个更不可能完成的任务。

你可能会再次成功。

但迟早你会跑出跑道。你将承担一项完全不可能完成的任务。

为什么会这样？因为不可能完成的任务是由加班加点的人完成的。但是额外的时间是有限的。一天只有 24 小时，一周只有 7 天，你的团队人数也是有限的。

当你失败时——这是不可避免的——那就不是一个美好的场景了。

在我的公司，我们把承担了不可能完成的任务的人称为"魔术师"。魔术师的悲剧在于成功是不可持续的。所有魔术师的职业生涯都以失败而告终。

所以，如果你是一个魔术师，那么你应该让这类事情在你身上发生之前放弃它。

所以，你要按照前面描述的那样去做。作为项目经理，你将拥有一个漫长而快乐的职业生涯，你将建立一个项目成功交付的历史记录，你也将有一个工作之外的生活，这才是你工作和生活应有的样子。

第三部分

如何成功地执行一个项目

在第二部分，我们学习了如何创建一个现实的规划，并就它或者它的某个版本与利益相关方达成一致。

在本书的这一部分，我会讲述如何执行我们确定的工作、如何更新规划、如何告知利益相关方项目的进展。但重点应该始终放在利益相关方身上，这也是你对一个成功项目的期望（见第 8 节）。

21. 发挥团队的最大优势

当我们和一个团队一起工作时，一开始我们对彼此会有一个初步的印象，而在几周后，我们就会知道谁的工作能力很强。然而，准确地说，并没有"谁的工作能力很强"这回事。人们往往在某些方面很擅长，但在其他方面却不太擅长。

因此，如果我们想发挥团队的最大优势，我们就需要认识到这一事实。我们不仅要考虑每个人的优势，而且要考虑他们所承担的工作。这样做意味着我们能够花最少的精力管理员工，进行轻型化项目管理。

假设你要完成一个小块工作（0.5~5 天，见第 12 节）。表

21-1 中是项目中可能出现的场景。

表 21-1　项目中可能出现的场景

（1）超级明星	这类人技术娴熟、积极主动，是把工作做好的合适人选。这种评估是基于证据的——通常情况下，每次你交给他们一份工作，他们完成得都很好
（2）良好公民	类似于超级明星，但不完全一样。有时他们会犯错误或丢球
（3）向他人汇报工作的人	这种类型的人不得不为你的项目工作，但他们主要在另一个小组、团队、部门或组织中工作。你无法直接控制他们，无法设定他们工作的优先顺序，也无法奖励或约束他们
（4）新人或实习生	他们可能刚刚大学毕业，他们也可能是一个非常有经验，但对你的项目（比如技术或者流程）不熟悉的人
（5）没有可工作时间的人	他们只是在超负荷地工作。我们在第 16 节讲述了如何计算超负荷工作量
（6）不能胜任工作的人	一般来说，他们没有做好你交代给他们的事情

我们每个人都有基于自己个性的自然管理风格：从专注于微观管理（事事亲力亲为）到大撒把（只关注宏观管理）。

如果我们总是按照个性行事，那么在许多情况下，我们得到的结果将非常有限。

我倾向于不干涉，这是我的自然管理风格。

根据表 21-1，你可以看到这种管理风格在场景（1）和场景（2）中运行良好，但是在场景（5）和场景（6）中，这将是彻头彻尾的灾难。

这里的关键是需要根据情境相应地调整你的管理风格[①]。如果你能够做到，你会得到更好的结果。

考虑到上述情况，表 21-2 中的内容是你可能采取的做法。

表 21-2　针对不同类型人员的做法

（1）超级明星	让他们继续吧，少即是多。即使你的管理风格通常是微观管理，也不要插手他们的事。少花或不花精力，会让你得到更好的结果。做得很少，得到很多——这正是你梦想的情景
（2）良好公民	你不会像场景（1）一般那样无聊。假设他们正在做一项为期三天的工作。你可以在第一天结束的时候和他们联系，看看进展如何，是否取得了一些进展；他们是否有一个小规划，可以表明他们打算如何度过剩余的两天。如果答案是肯定的，那么你可以后退一点；如果答案是否定的，那么你可以让他们制订这样一个小规划，并再次检查他们的进展，例如在第二天的午餐时间检查
（3）向他人汇报工作的人	这里的本质问题是，你的优先级不一定是他们的优先级，所以你需要努力做的是不断提醒他们，你的事情很重要。你要让他们觉得自己是团队的一分子；让他们参与初始规划；每周向他们发送状态报告的副本（见第 24 节）；当你在饮水机或自助餐厅碰到他们的时候，检查他们是否仍然在做你的事情 所有这些看起来都是一项艰巨的工作，但是如果你这样操心的话，你更有可能得到一份结果，而不是坐等看会发生什么。想一想牧羊犬

---

① 管理学的一个分支就是情境领导。——译者注

（续表）

（4）新人或实习生	如果微观管理不是你的专长，那么事情将很难进展顺利。这里你需要手把手地教、培养、训练、跟踪、给建议、指导、告诉他们该做什么——所有这些都是希望他们能快速成为超级明星或良好公民的做法
（5）没有可工作时间的人	如果他们超负荷工作，没有时间做这项工作，那么你必须找其他人来做——就这么简单。如果超负荷工作的人只是在你的项目上有一点点工作要做，那就不是什么大事。相反，如果他们在你的项目中有很多工作要做，而所有这些工作现在都必须交由其他人来完成，这就比较棘手了。当你试图获得额外的资源时，你可能会在这上面花费大量的管理精力
（6）不能胜任工作的人	就像场景（5）一样，你将不得不找别人来做这项工作，但接下来你会遇到一个问题："我该拿他们怎么办？"下面是可供你选择的几个做法： •将他们与更适合其技能和才能的工作相匹配 •重新训练他们 •"带着"他们——换句话说，尽管他们缺乏生产力，但还是要把他们带在身边。请记住，这似乎是最仁慈的做法，但以我的经验来看，这永远不会快乐地结束 •让他们离开队伍 •让他们与他人互换 •解雇他们 所有这些做法都将会消耗你大量的管理精力

综上所述，虽然每个人的性格都不完美，但这并不重要。

只有根据不同情境采取相应的行动，你才会在管理时间和精力上获得更好的结果。

22. 轻量项目跟踪

日常跟踪

若要以尽可能少的工作量跟踪你的项目，请执行以下操作。

（1）从你跟踪的那天起，用五天时间"分割"你的项目。
例如，如果你从星期一开始跟踪，那么从星期一到星
期五的五天，每天都要跟踪。

（2）找到在这个时间段发生的任何需要你采取行动的琐碎
工作。"发生"是指从时间段开始到时间段结束，贯穿

整个时间段。这些你需要采取的行动就是你今天的项
目待办事项。

（3）执行这些行动：发送电子邮件、与大卫交谈、召集人
员开会、写文档、打电话等。

（4）对于每一个完成的琐碎工作，要记录：

- 工期，即实际花费了多长时间；

- 实际工作量（人天）；

- 实际预算（如果你在追踪的话）。

这些可以简单地作为额外的列记录在甘特图中（见第
12 节），如表 22-1 所示。

表 22-1　甘特图示例

估算工期	实际工期	估算工作量	实际工作量	估算预算	实际预算
3 天	3 天	5 人天	10 人天	1 115 英镑	2 230 英镑

（5）如果项目发生了规划中没有预料到的事情，问问自己
这是不是一个大的变更（见第 9 节）。重大变更很容易
被发现，因为它们有三种形式：

- 被证伪的假设；

- 需求的变更（即项目范围的变更）；

- 供给量的变更（通常是资源减少，比如人员的可工
作时间）。

（6）如果有什么大的变更，你可以根据这些新的需求修改规划，并与利益相关方再次达成一致意见。如果利益相关方可以接受新的规划，那么新的规划将取代原有的规划；如果他们不喜欢新的规划，他们就必须撤销他们提议的变更。

（7）如果项目中发生的事情不是一个大的变化，那么你要么使用应变措施来应对，要么接受它（见第9节）。一般来说，在项目的早期选择接受变化，能让你利用应变措施，然后在项目的后半部分将变化消化掉。

（8）最终，假设你正在跟踪项目的结束日期，则结束日期要么保持不变，要么提前，要么推迟。

- 如果结束日期保持不变，那太好了。这意味着，到目前为止，你的预测已经实现，事情正在按规划进行。
- 如果结束日期提前，意味着你早于规划日期完成了任务。如果发生这种情况，请在心中窃喜，而不要对任何人说！你的运气不错，"应急之神"给了你额外的应变措施，请将其紧紧抱在胸前，就像爱孩子一样爱它。这是珍贵的礼物，不要搞砸了，没准以后可能还会用到。

（9）如果你在跟踪预算和工作量（人天），你会看到它们可能保持不变，也可能下降或上升。

我必须每天都跟踪吗

在我的公司，我们称上述过程为"日常跟踪程序"。但是真的每天都要跟踪吗？以下是我的建议。

（1）在项目的前几周，试着每天都跟踪。一个运行良好的项目总是会给人一种平静、有序和常规的感觉，这是带来所有这些感受的好方法。这是严格的纪律，就像足球比赛的前十分钟裁判很严格一样。如果你以前没有和团队合作过，那么这一点尤其重要。这会让他们对你这个项目经理有信心，同时他们也知道你是一个严格的裁判，在密切关注着项目进展情况。

（2）一旦所有团队成员都理解了严格的纪律，你就可以稍微放松一下，每隔一天运行一次跟踪程序。

（3）如果效果不错，你就可以放松一下，也许一周进行两次跟踪，比如周一和周四。

（4）之后，如果你发现事情变得有些杂乱，那么你可以收紧一点，更频繁地运行跟踪程序。

（5）如果运气好，你就可以做得少些；如果运气不好，你便要做得多些。

（6）在项目的最后阶段，当你的时间越来越少的时候，你也许要每天都进行跟踪。

以上所有这些建议都将确保项目得到恰当的跟踪，同时你花的精力是最少的，而这正是你想要的。

23. 项目状态会议（如何避免无用的会议）

　　我并不真的后悔，因为我认为后悔是毫无意义的。如果我后悔了，我脑海中就会浮现出我一生中在会议上度过的时光。

　　不要误解我，也不要在这件事上错误地引用我的话。我不是说会议不重要，有些会议是至关重要的，譬如那些有明确的议程和目标、按时开始和结束、运行良好并交付了参会者想要交付的内容的会议。

　　但我的经验是，大多数会议都是无用的。如果我能收回我在会议上花的所有时间（当然，我不能），我想我会是一个称职的爵士吉他手。我可以在公共场合演奏，可能演奏得相当好，可以让我拿到报酬（尽管不多）。

如果你要召开一次会议，换句话说，你要浪费别人的生命，那么你最好有一个非常好的理由；如果你没有，那么你应该为此感到羞愧。

以我的经验来看，所有那些把我带到项目状态会议的人都是严重的会议违规者之一。

那么如何才能做得更好呢？

本节将探讨：

（1）向上看的状态会议，即与老板、利益相关方、赞助商、客户举行的会议；

（2）向下看的状态会议，即与团队举行的会议；

（3）如果你坚持开会，一些指导方针可以帮助你。

向上看的状态会议

如果你每周给你的老板、利益相关方、赞助商或客户发一份简单易懂、诚实的状态报告，就完全没有必要召开这样的会议。

这就是我在下一节讨论状态报告的原因。

但是为什么我说"很少需要"而不是"不需要"？因为有时候，你可能需要有人帮你解决一些你自己无法解决的问题。

当然，你也可以把它写在状态报告里，但是有时候像这样的问题需要进行面对面的沟通。

如果真的不能通过其他方式解决，那就开会吧。

向下看的状态会议

与团队成员进行一对一沟通会很好，因为这可以最有效地利用团队时间。一对一沟通的缺点是事情可能会被夹在中间，即甲认为乙在做，而乙认为甲在做。

这种状态会议的优点是不太可能让事情在夹缝间溜走。这种状态会议的缺点是可能会把那些没有特别需要出席会议的人绑在一起，浪费他们的时间。

那么，如何平衡？

以下是我对团队项目状态会议的建议。

（1）一般来说，尽量不要开会。

（2）如果你是项目经理，你想知道情况，就四处走走，一对一地问别人。因为你是项目经理，你可以决定怎么做，这是你的职责之一。

（3）如果在巡视过程中，你发现一个问题影响到不止一个人，那么若真的不能通过其他方式解决，也许可以召开一次会议。

（4）这是否意味着团队成员可以不用填写状态报告？在我

看来是的，绝对可以不用填写。团队成员应该把时间放在努力完成项目上，而不是放在鼓起勇气写状态报告上。不用说他们花在实际写状态报告上的时间，更不用说你花在跟踪他们写状态报告上的时间，如果把这些时间花在项目上，情况会好得多。

主持高效会议

这种一页纸的会议流程应该很有用，我自己就一直在用。以下是注意事项和步骤。

（1）我们真的需要见面开会吗？

（2）谁真的需要参加这个会议？

（3）会议是一个小项目，因此，它需要：

- 目标（实现什么）；
- 规划（议程）。

（4）如果你并不知道会议的目标和规划，那么你要婉拒 / 拒绝 / 不要去。

（5）准时参会。

（6）若没有多任务需要处理，除非会议需要，否则不要动笔记本电脑。

（7）如果你没有从会议中得到任何有价值的内容，那么你应该离开会议现场。

（8）召开会议不是为了信息共享。信息共享应该在会议之前通过电子邮件或议程来完成。换句话说，本该在会议前阅读的东西不该在会议上阅读。

（9）在会议结束时安排后续工作。

（10）如果有人违反了以上任何一条，不要觉得指出来不好；指出来才是正确的做法。

24. 轻量状态报告

　　许多项目经理认为状态报告只是管理层强加给他们的另一件恼人的事情。然而，如果一个成功的项目意味着让利益相关方满意，那么状态报告实际上是我们项目管理方法的核心。尽管如此，撰写状态报告的工作量要很小才好。否则，我们要么根本不写，要么里面的信息会从不正确、不完整到完全误导，再到（有时）彻头彻尾的谎言，这会更糟。

　　下面是你应该做的事情。

　　状态报告应该分为三个层级，随着我们对这些层级的深入，信息量也在不断增加。

第一层级

项目是否能达成目标？这可能包括项目是否能在交付日期、预算和资源方面达到目标。

通常，你需要在第一层级做到这些。然而，有时项目中会出现一些你无法解决的问题。例如，你无权移除的一个项目障碍，或者你无法控制你需要的资源，或者你希望利益相关方做出决策（你可能不关心决策是什么，你只需要有人做出决策）。

在这些情况下，你可以在第一层级添加"我需要帮助"部分。它看起来是下面这样的。

- 这是问题。

- 这是我想采取的行动。

- 这是谁必须采取的行动（写上这个人的名字）。

- 这是到截止日期必须完成的事情。

- 如果不这样做，将会发生什么。例如，"如果一直不做这个决定，项目就会一直延后"。

第二层级

第一层级提供了项目的快照。第二层级要给出一个历史记录，包括项目交付日期、预算和资源（如果你正在跟踪这些目标）。下面是一个显示有日期的项目历史记录的报告示例。

项目交付日期

原本规划：	9 月 21 日
现在规划：	11 月 29 日

日期	变更历史
<开始日期>	在这一天，我们启动项目，并致力于 9 月 21 日交付
10 月 5 日	利益相关方扩大了项目的范围
11 月 1 日	我们在另一个项目中损失了三个人
11 月 16 日	我们意识到我们低估了测试

......

每次有大的变更（见第 9 节），我们都要在变更历史中增加一行。变更历史是累积的，因此，一旦添加就不能删除。这样，任何感兴趣的利益相关方不仅可以看到项目现状，而且可以看到历史变更。当利益相关方发生人事变动时，这一点尤为重要。

第三层级

第三层级应向利益方关方提供他们可能想要的所有详细信息，例如：

- 最新的甘特图；
- 最新的风险分析；

- 项目成功的概率指标（PSI）跟踪（见第 2 节）——你可以选择每周计算 PSI（在第 28 节中进一步讨论），画一个小图表，（希望）显示它在上升；
- 本周已完成的琐碎工作列表；
- 下周计划完成的琐碎工作列表；
- 任何其他你喜欢的内容。

如果你的项目规划在电脑上，比如说在 Excel 中或者在项目管理工具中，那么第三层级的信息可以只是一系列附件。

每周在同一天同一时间发送一次状态报告。即使利益相关方没有阅读，状态报告中出现的事实也会给他们带来安慰。

如果你感觉到他们没有阅读状态报告，特别是如果有一些坏消息或令人不愉快的消息出现，那么仅仅将它们写在状态报告里是不够的，你要在电子邮件或电话中向团队明确说明这些消息。

坏消息

所有的方法都是为了确保你有一个成功的项目，你永远不会给利益相关方带来坏消息。事实上，这也是本书的大部分内容。

然而，有时候，尽管你尽了最大的努力，项目还是会陷入困境，那么你就要委婉地跟利益相关方沟通。如果你认为事情进展不顺利（第 22 节中的跟踪方法会告诉你），那么你需要让利益相关方为可能出现的结果做好准备（你可以在状态报告的第一层级中这样做）。

利益相关方会谅解很多事情，但他们不会也不应该谅解严重的意外。不要这样对待你的利益相关方。如果你这么做，他们就会不高兴了。

25. 五分钟项目管理改进计划

第二次世界大战期间，1942 年 8 月至 1943 年 2 月，美国在太平洋的瓜达尔卡纳尔岛与日本人作战。其中一个被派到那里的人是中校拉塞尔·里德（Russell Reeder）。

里德是参谋长乔治·C. 马歇尔（George C. Marshall）将军派来分析美军在瓜达尔卡纳尔岛战斗中该吸取的教训的。他的74 页的《瓜达尔卡纳尔岛的战斗》（*Fighting on Guadalcanal*）报告，给马歇尔将军留下了深刻的印象，将军下令印了 100 万份并发送给学员。

里德所做的基本上是向军官和士兵征求如何改进的建议。

他得到了下面这样的答案。

- "我认为当我们到达一个没有水的地方时，团里应该额外发放一水壶的水。"
- "在我们的丛林作战训练中，有很多肉搏战、刀术、柔术等。除了刺刀格斗，大部分的训练内容我们都没用到。上岛后，我参加过很多战役，从来没见过有人用过。"
- "先生，请告诉你的士兵，当一个人被击中时，把他留在那里，因为我们有太多的人突然变成了急救员。"

你应该明白了。

所有这些都把我们带到了项目的事后分析中。每个人都说他们有多么伟大的想法，但很少有人真的做到。原因很简单，我们通常没有足够的资源来做我们试图做的项目，更不用说在一个已经完成的项目上花费更多的时间和精力了。

项目事后分析通常是做得极好的，我个人没见过做得不好的。它们可能包含 20 个、30 个或 40 个可以改进或不同做法的建议。

然后呢？

嗯……没有然后。什么都没发生，完全出于同样的原因。谁有时间和资源进行任何类型的项目管理改进项目？我们没有足够的时间和资源去做我们已经努力做的事情。

出于这两个原因，在轻量项目管理中，我们为轻量项目事后分析预留了一席之地。这是一个简单的项目事后分析，不会超过几分钟，它涵盖以下三个步骤。

第一步：添加附加列到当时的项目规划中

假设你做了第 22 节中描述的跟踪，那么你已经有了这个规划。图 25-1 是添加了这些附加列的甘特图。

估算工期	实际工期	估算工作量	实际工作量	估算预算	实际预算
3 天	3 天	5 人天	10 人天	1 115 英镑	2 230 英镑

图 25-1　甘特图

第二步：找出我们在这个项目上做得好的一件事，并考虑我们是否应该再做一次

不要在意 20 条或 30 条建议，只挑一条即可。例如，它可以是一种技巧、应用程序或工具；一个会议；一条有用的信息；或者你采取了什么行动，对项目的成功做出了很大的贡献。

然后告诉你所有的朋友、同事、同伴和项目经理，向全世界大声喊出来吧！这一步是非常有必要做的。

第三步：找出在这个项目中，我们做了什么不该再做的事

上一节中提出的所有意见均适用。假设你能倒回时钟，你会做不同的事吗？是什么导致了问题的产生和时间的浪费？如

果你知道答案，你就可以走另一条路或者做点什么。

再次告诉你所有的朋友、同事、同伴和项目经理。这是很难做到的，因为这如同在公共场合洗你的脏衣服，就像你要说："我们搞砸了。"然而，如果你这样做，可能就会阻止其他人落入同样的陷阱。

> 如果每个人在每个项目结束时都执行第二步，我们可能就会看到一系列的小改进。每一个改进可能并不是非常显著，但是它们的总和可能非常显著。
>
> 类似地，如果每个人在每个项目结束时都执行第三步，我们可能会看到一系列不良的做法逐渐从组织中消失。同样，这些做法的总和可能非常显著。
>
> 这是从零开始的项目管理改进，不需要管理层的认可，或进行流程改进，或增加预算和人力成本。只有我们这些项目经理，才能让我们自己和我们的同事以及我们的组织，生活得更轻松。
>
> 马歇尔将军在《瓜达尔卡纳尔岛的战斗》的前言中写道："士兵和军官都应该阅读这些笔记，并努力吸取他们的经验教训。我们必须利用这些勇士和其他勇士用鲜血换来的经验。"
>
> 令人高兴的是，我们大多数人不必付出鲜血，但这种观点仍然适用。

第四部分

再论项目成功的概率
指标（PSI）

本书第 2 节中首次提到了项目成功的概率指标（PSI）。第 2 节描述了 PSI 的一个简单版本，我们将在本书的这一部分用到它，将它用于度量一个项目的"生命体征"。

PSI 可被用于以下目的：

· 评估项目或项目规划的健康状况（第 26 节）；

· 用于项目仪表盘（第 27 节）；

· 用作项目状态报告的附加信息（第 28 节）；

· 判定是否需要召开项目状态会议（第 29 节）；

· 帮你接手一个已有项目（第 30 节）；

· 挽救一个项目（第 31 节）。

26. 如何在五分钟内评估一个项目

尽管 PSI 看起来很简单，而且它只度量少数几项内容，但它提供了惊人的准确信息。

PSI 是如何度量的

根据表 26-1，通过以下标准对项目进行评级来度量 PSI。

表 26-1 PSI 度量表

标准	可用分值
（1）目标有多明确（或多不明确）	20
（2）是否有一份最终的、明确的、详细的工作清单？其中每项工作都被细分到 0.5~5 天的详细程度	20
（3）这个项目中是否有这样一个人，他每天都在引导所有的工作向前发展	10
（4）有没有人做工作清单中的所有工作？这些人有足够的可工作时间投入到项目中吗	10
（5）（a）规划中是否有应变措施	5
（5）（b）是否进行了最新的风险分析？降低这些风险的工作是否是项目规划的一部分	5
（6）项目经理的管理风格会随着环境的变化而变化，在必要的情况下进行微观管理，而在其他情况下不插手吗	10
（7）是否定期跟踪项目	10
（8）是否每周都有有益的状态报告	10
合计	100

如何计算 PSI

（1）这是一个衡量目标有多明确的指标。这里的严峻考验是，如果你问每一个利益相关方项目的目标是什么，他们是否会给你几乎完全相同的回答。如果是的话，目标应该是明确的；否则，目标就是不明确的。当项目完成时，你只能得到 20 分，因为只有到那时你才能确切地知道你取得了什么成就。一个处于早期阶段且目标尚未明确的项目，得分会很低。如果一个项目的目标已经相当明确，但仍然需要一些利益相关方的认同，那么你将得到一个中等的分数。你可以选择一个 0~20 的数字。

（2）这是度量工作列表是否完整的标准。0 分意味着没有清单列表。对于一个高层级的工作分解结构，你可能会得到 2~3 分（见第 12 节）。当项目完成时，你能得到 20 分，因为只有到那时，你才能确切地知道工作清单是什么。你可以选择一个 0~20 的数字。如果目标 [标准（1）] 得分低，那么这个标准得分也会低，因为如果你不知道你想做什么，你怎么能有一份工作清单？

（3）如果已经任命项目负责人，并且他有足够的时间来管理这个项目，那么你可以给 10 分；否则，你应该给 0 分。

（4）如果没有足够的人甚至没有人来做这项工作，那么请给低分或 0 分。你还要使这个标准与标准（2）成比例，例如，标准（2）的 14/20 最多可以对应为标准（4）的 7/10。

（5）（a）应变措施越多，得分越高，5 分为满分。

（5）（b）这取决于风险识别和执行情况。高风险多的项目得分低，高风险很少的项目得分会很高。

（6）根据项目经理的管理风格随环境变化的程度，选择一个介于 0 和 10 之间的数字（0 分表示不太好，10 分表示非常好）。

（7）根据项目经理使用规划指导项目的情况，选择一个介于 0 和 10 之间的数字。如果该规划在项目获得批准后立即被放弃，那么得 0 分；如果项目每天都在按规划运行，那么得 10 分。

（8）根据状态报告的规律性和充分性，选择一个介于 0 和 10 之间的数字（0 分表示完全没有状态报告；10 分表示有有益的定期状态报告，最好是每周一次）。

将所有这些分数加在一起，得到 PSI。

如何解读 PSI

- **PSI 应该上升**。如果你每周计算 PSI，并将其绘制在图表上，你应该会看到它在项目的整个生命周期中不断上升。

- **PSI 可能下降**。虽然 PSI 应该上升，但也可能下降。如果项目的范围发生变化，并且你没有对其进行适当的变更控制，那么 PSI 可能会下降（见第 22 节）。

- **规划步骤 [标准（1）至标准（5）(b)] 的得分 40/70 是一个重要的阈值**。在我的公司，我们一直在使用 PSI；我们在所有的课程中教授它，并在咨询任务中使用它。一直以来，我们发现规划步骤的得分 40/70 似乎是一个重要的门槛。很明显，每个项目都会在 40/70 以下度过一段时间，比如项目刚开始的时候。然而，如果一个项目已经运行了很长一段时间，并且它的得分低于 40/70，那么你应该警惕，因为这表示一定发生了不恰当的事情 [标准（1）~ 标准（5）(b) 这六步的总分值是 70 分]。

- **单项分数低**。单项得分低就像汽车仪表盘上的橙色警示灯。它们告诉你这些是你的项目中需要解决的问题。那么，从某种意义上来说，PSI 就像一个仪表盘。

一个 PSI 评估示例

表 26-2 是一个真实的项目示例。假设你面临这样一个问题：一个规划耗时 17 个月的项目已经运行了 11 个月。大约有 250 人在为它工作。这个项目对组织来说非常重要，所以一个非常资深的人被安排管理这个项目。这个项目被拆解成很多工作，项目团队一直在长时间工作，那么项目状态是好还是不好呢？

你可以使用 PSI 清单来指导你的审查，你会发现表 26-2 第三列中给出的状态，然后按照第四列中的描述给项目打分。

表 26-2 　PSI 评估示例

标准	可用分值	状态	实际得分
（1）目标有多明确（或多不明确）	20	尽管项目将在 6 个月后结束，但项目规格说明书的大部分仍然不存在	根据项目规格说明书中已完成的部分，相对于尚未完成的部分，你给项目打了 14 分
（2）是否有一份最终的、明确的、详细的工作清单？其中每项工作都被细分到 0.5~5 天的详细程度	20	项目中有些部分有规划，有些部分没有规划。没有项目规格说明的部分即表示没有规划	根据之前定义的项目的得分规则，14 分（只定义了 70% 的项目目标）可能是最高分。如果这 70% 的项目目标的所有部分都有规划，那么获得 14 分是可能的。然而，项目中有些部分没有规划。所以你只能给 10 分
（3）这个项目中是否有这样一个人，他每天都在引导所有的工作向前发展	10	这个项目中有非常资深的人，但他们仍然有其他的责任，所以他们没有足够的时间投入到这个项目。此外，他们将项目的日常管理工作看得比他们自己的工作的优先级低	这个项目没有领导者。虽然有的人被赋予了头衔，但没有人做这项工作。所以得分为 0

（续表）

（4）有没有人做工作清单中已经明确的所有工作？这些人有足够的可工作时间投入到项目中吗	10	参见状态（2）	由于只有50%（10/20）的工作已经确定，所以这项得分不应超过可用分值的50%。得5分
（5）（a）规划中是否有应变措施	5	无	得分为0
（5）（b）是否进行了最新的风险分析？降低这些风险的工作是否是项目规划的一部分	5	无	得分为0
（6）是否定期跟踪项目	10	参见状态（3）	得分为0
（7）是否每周都有有益的状态报告	10		由于没有适当的规划，所以状态报告没有任何意义。得分为0
总计	100		29

那么，我们能得出什么结论呢？

该项目已完成规划中项目生命周期的三分之二，但规划步骤中的 PSI 远低于上述 40/70 的门槛。（如果项目处于生命周期的早期，那么项目规划步骤的得分可以低于 40/70。）最终，对于标准（1）至标准（3），该项目有三个非常低的单项分数。我们认为一个项目，如果它走上正轨的话，总分会高于 50 分、低于 60 分，单项得分不会低。

但这个项目处于灾难性的状态，毫无进展。在目前的形势下没有任何成功的机会，并将严重超出预算和最终期限。

为了拯救该项目，需要按照如下顺序进行修正。

（1）重新规划项目。通过在规划中加入应变措施并进行风险分析，使标准（5）和标准（6）的得分上升。

（2）用新的规划再次设定利益相关方的期望。这不会是一个愉快的练习。

（3）完成项目规格说明书。这会让标准（1）的分数攀升。

（4）有了明确的目标，就能确定详细的工作清单，从而使标准（2）的得分上升。

（5）随着团队成员开始做正确的事情，一切都应该开始变得有条不紊。

27. 如何将 PSI 用于项目仪表盘

（1）按照第 26 节的描述计算 PSI。

（2）如果 9 个单项中的某项分数低，那么把它们当作仪表
盘上的警示灯（橙色）。

（3）采取必要的措施让这些灯变成绿色。要想熄灭这些警
示灯，你可以在第 18 节中找到你必须做的事情。

28. 如何将 PSI 加入项目状态报告

（1）按照第 26 节中的描述计算 PSI。每周都计算。

（2）画一个图表，将每周的 PSI 分数（在纵轴上）与每周的时间（在横轴上）进行映射。

（3）如果项目进展顺利，那么你应该看到 PSI 在项目的整个生命周期中稳步攀升。这是一个很好的进度可视化的表现，特别是对项目利益相关方而言。

29. 如何用 PSI 召开项目状态会议

第 23 节谈到了项目状态会议以及你是否真的需要召开。另一种决策方式是使用 PSI，如下所示。

（1）项目经理和他的老板分别计算 PSI，然后比较各自的各项分值和总分。

（2）如果分值相同或非常接近，并且总分足够高，那么可能没有必要召开状态会议，因为所有项目要点都处于良好的状态。

（3）如果有任何一对分值相差很大，或者有些分值非常低，那么这些就代表状态会议的议程，也就是需要解决的问题。

30. 如果你接手一个项目，应该做什么

老板把你叫到他的办公室，告诉你大卫已经走了，你要接管他的项目。接下来会发生什么？

对于大多数项目经理来说，接下来的几天、几周甚至几个月，他会疯狂地做以下事情：

- 阅读材料；
- 召开项目状态会议，但不知道被告知的是真是假；
- 试图理解项目的具体细节。

希望你不会在这个过程中做出错误的决定。

当你接手一个项目时，最多只需要问五个问题，你就能拯救你自己。

你离开老板的办公室并召集团队开会。因为你是新来的，团队会因为你还没有掌握相关的信息而吓唬你，他们一直都是这样。

让他们这样放肆几分钟，然后说："好的，我只是有几个问题。"

问题 1：这个项目的目标是什么

你应该得到两个信息。

第一个信息可以用一句话给到你："我们正在做一个_____。"

"我们正在解决_____问题。""当_____时，我们会结束。"

第二个信息应该是一个详细概述的文档，并包含第一个信息。这份文档必须是最近更新过的，而不是很早之前的。

如果你得到了这两个答案，那么你可以进入问题 2。如果你没有得到，并且团队开始给你讲故事，那么你可能就有麻烦了。故事在电影或小说中很好，但在项目中几乎都不是好现象。

如果他们给你讲了一个故事，你就知道了你需要知道的一切。你需要回到开头，执行第 18 节中讲述的方法。

问题 2：有人能给我看看规划吗

如果他们做不到，或者他们说："好吧，我们有一个高层级的规划"，那么你就有麻烦了，你可以去看第 18 节。

如果他们给了你一份规划，那么首先要检查它是否包含了工作量，即人天或人小时。如果没有，它就不是一个规划，而是一个时间表。时间表的问题是它们几乎可以被修饰得能显示任何内容。时间表在现实中根本没有可靠的依据。

如果规划中不包含工作量，就意味着没有人知道要做多少事情。不可避免的是，没有足够的人来做这些事情，结果将是团队成员疯狂地工作（最好的情况下）或者项目失败（最坏的情况下）。

如果规划确实包含工作量，那么另一件要做的事情则是检查规划的详细程度。用总工时除以规划中的任务数，结果应该是 1~5。如果得到的结果不在这个范围，那么说明规划中没有足够的细节，请再一次回到第 18 节。

假设你在这个阶段状态良好，请继续回答问题 3。

问题 3：我们有足够的人吗

回答这个问题的最好的方法是不相信任何人说的话，而是做一些基本的算术题，如下所示。

你可以把这个项目想象成一个供需问题。需求是以人天为单位的总工作量，供给是能做这些工作的人的可工作时间，也以人天为单位。

这里举一个简单的例子来说明。

需求：　　　　100 人天（来自规划）

供给：　　　　安吉拉投入 20 人天

　　　　　　　鲍勃投入 30 人天

　　　　　　　夏琳投入 15 人天

这意味着你少了 35 人天，这是一个需要解决的问题。

假设你已经走到了这一步，那么还有两个问题。

问题 4：有人能给我看看最新的风险分析吗

如果他们能，那么很好；如果他们不能，那么你最好做一个风险分析（见第 17 节）。

问题 5：规划中的应变方案在哪里

如果有，那么很好；如果没有，那么请参见第 17 节。

就这样——几分钟之内，你只需要问 5 个问题，就能完全了解整个项目。你会知道它是否进展良好，或者麻烦重重。

31. 如何拯救一个项目

当一个项目本应该走向某个方向（譬如，假设从 A 走向 B），但实际上它去了别的地方 C 时，你需要拯救它。

拯救通常是在某人，例如老板、利益相关方或项目经理意识到项目远未达到预期目标时触发的。这不仅仅代表你可能需要修复中等大小的疏漏，而且可能代表该项目实际上毫无进展，而这通常发生在最初项目日程表的后期。

一个相当标准的条件反射是告诉团队中的每个人更加努力地工作，延长工作时间。然而，到了这个时候，这个项目通常处于价值很小的阶段。俗话说，"假如你发现自己掉进一个洞里，最重要的事情就是停止挖洞"。此时的项目也是如此。

在这种情况下，要拯救一个项目，你必须做三件事：

（1）理解哪里出了问题；

（2）向所有相关人员传达问题；

（3）修复项目。

让我们依次来做。

第一步：理解哪里出了问题

你需要理解为什么项目本该按 B 的方向走，却走向了 C。为此，只需要为项目计算一次 PSI（见第 26 节），你就会找到答案。

第二步：向所有相关人员传达问题

在拯救场景中，你需要使用外交手段并注意敏感性，同时，你也需要直言不讳。这可能是一个不容易完成的任务。

作为拯救者，最糟糕的事情就是你抱着"我来这里是为了解决你制造的混乱"的态度，因此，你不会赢得任何朋友或合作。

最好能让把项目带到 C 的人自己搞清楚为什么会这样。

PSI 是实现这一目标的完美工具。你可以和团队坐下来解释 PSI 是如何工作的，然后让他们给自己的项目打分。很快，团队就能看到他们的项目哪里出了问题。你不需要说什么或做出判断，他们就知道自己该做什么。

第三步：修复项目

项目目前在 C 这个位置，你需要它往 B 的方向走。但是，你需要考虑此时目标 B 可能已经随着时间的改变而发生了变化，我们称新目标为 B*。所以，你要制订一个从 C 到 B* 的规划。第 18 节将再次帮助你做到这一点。

至关重要的是，你提出的规划需要解决你在上述步骤一和步骤二中发现的问题。

32. 表明一个项目可能陷入困境的 13 个迹象

　　显然，你能确定你的项目是否有麻烦的唯一方法是制订一个正确估算的规划，并一直对它进行适当的监控。

　　然而，这些年来我看到过一些迹象，这些迹象会让我后脖颈的毛发竖起来，这可能预示着重大的麻烦。

　　由于其中一些规划并不完全客观或可以度量，所以我尽量说明它们的可靠程度。

1. 没有规划

完全没有规划，或者只有一个糟糕的估算或粗略的规划。

项目陷入困境的概率：百分之百地确定。

2. 规划中没有工作量

规划实际上只是一个时间表，不包含对要完成的工作量的估算。

项目陷入困境的概率：中等偏高。没有人知道需要做多少工作，所以——几乎总是如此——没有足够的人来做这些工作。因此，团队成员可能会为了坚守时间表和保持项目进度而加班。

3. 故事

故事在小说、电影里是很棒的，但在项目中通常是非常糟糕的。我在这里要说的是，如果你问团队这个项目是关于什么的，或者要求看一份规划的副本，或者要求更新项目状态（尤其是这一点），那么他们可能会给你讲一个故事："这个发生了，然后那个发生了，然后这样做了，那个人去了那里……"

项目陷入困境的概率：高。

4. 突发事件

不，这不是沮丧或愤怒的表现，然而如果这种事情发生，你可能会感到沮丧和愤怒，甚至更严重。一个项目经理一周接一周地报告一个项目为绿色（朝向目标），然后突然跳出蛋糕[1]，宣布项目是红色的（陷入大麻烦）。

项目陷入困境的概率：非常高或百分之百地确定。这个项目需要进行事后分析，以确定发生了什么。如果是我，我也会告诉项目经理，如果他们再做那样的事……好吧，你知道的！

5. 没有状态报告

在状态报告一直发布的情况下（最好是每周一次），如果项目经理错过了一周的状态报告，就有理由严肃关注。如果他们连续错过两周，那么很可能这个项目要完蛋了。

项目陷入困境的概率：状态报告被错过一周：中等；状态报告被连续错过两周：百分之百地确定。

6."一切尽在掌控中"

当你问项目经理项目的状态时，你得到的答案是："一切尽在掌握中。"

项目陷入困境的概率：中等。我的经验是，经常一切都不在掌控中。

7."这是一个非常好的规划"

通常，当经理、利益相关方、项目发起人或客户希望你坚守规划时，他们会这样说。

---

① 跳出蛋糕是玛丽莲·梦露做过的动作，这里指事发突然。——译者注

项目陷入困境的概率：从我的经验来看，这已经被证明是必然发生的。任何说这种话的人，他们所想的通常都会与现实相差甚远。不过，为了平衡起见，让我们把概率定为高。不过，好消息是他们经常在项目开始时这样说，所以你有机会在它变成噩梦之前做点什么。

8. "我们有一个高层级的规划"

这是当你问一个项目是否有规划时，你得到的答案。

项目陷入困境的概率：百分之百地确定。根据我的经验，这意味着这个项目没有规划可言。

9. 繁重的多任务处理

在这个组织中，团队成员经常同时处理多项任务（超过5项）。也就是说，他们在很多事情上分散精力。

项目陷入困境的概率：中等偏高。此外，团队成员可能会为了坚守时间表和保持项目如期进行而加班。

10. "我们完成了90%"

可怕的"我们完成了90%"，通常意味着项目规划中90%的时间已经过去，而不是90%的工作已经完成。

项目陷入困境的概率：中等偏高。

11. "我们没时间做规划，直接做项目吧"

通常，经理、利益相关方、项目发起人或客户会这样说。

项目陷入困境的概率：高。不过，好消息是他们经常在项目开始时这么说，所以你有机会在它变成噩梦之前做点什么。

12. "很好！"

当你向项目经理询问项目的状态时，这是你能从他们那里得到的唯一答案。

项目陷入困境的概率：中等偏高。

13. "你们必须更聪明地工作，而不是更努力地工作"

通常，经理、利益相关方、项目发起人或客户会对项目团队这样说（通常在团队已经持续疯狂工作的时候）。

项目陷入困境的概率：高。

如果你在项目中发现以上任何症状，那么问题很可能出在规划上，而不是规划的执行。俗话说，"假如你发觉自己掉进一个洞里，最重要的事情就是停止挖洞"。与其告诉每个人更加努力地工作——比如继续执行一个糟糕的规划——不如回去重新审视这个规划。再操作一遍第18节的六个步骤，拿出一个新的规划，并与利益相关方达成一致，然后你就可以继续以最小的痛苦交付项目。

第五部分

如何管理多个项目

你可以使用第一至第四部分中描述的方法管理多个并行的项目，前提是你可以为每个项目投入足够的时间。但如果你已经超负荷工作（见第 16 节），那么你将没有时间管理多个项目。

本书的这一部分告诉你如何解决超负荷问题。

33. 解决管理多个项目的问题

　　到目前为止，在地球上，甚至在其他星球上，你都能使用本书中描述的技巧成功管理任何一个项目。

　　然而，如果你必须同时管理几个项目，那么这种方法仍然有效吗？答案是有效，但有一个条件：你必须为每个项目投入足够的时间。但是，如果你已经超负荷，譬如你有太多的事情要做，却没有足够的时间去做这些项目，你不能给每个项目所需的时间，事情就会分崩离析。

　　至此，管理多个项目的问题就变成了如何消除超负荷的问题。如果我们能做到这一点，那么我们将有足够的时间将十步法应用到我们的每个项目中（见第 1 节），每件事都会进展顺利。

超负荷

通过计算要做多少工作和要花多少时间，你可以估算出你是否超负荷（见第 16 节）。我很少遇到工作量不足的人。然而，当我 25 年前第一次开始做这个练习时，发现一个百分之百超负荷的人真的是一件很不寻常的事。

但那是以前！

如今，百分之百超负荷工作几乎成了家常便饭。特别是自 2007—2008 年全球经济衰退以来，超负荷水平直线上升。

但这个问题是可以解决的。

同样值得一提的是，事情本身并不会自己变好。如果没有某种干预，那么你今天百分之百超负荷，很有可能一年后情况更糟。

这就是我们在本书的这一部分要解决的问题。这样做将使你能够同时管理多个项目。

34. 为什么时间管理课程不起作用

要做的事情太多，而没有足够的时间去做。当面对这样的问题时，人们一般尝试两种解决方法。

时间管理课程和相关书籍

这往往是第一种解决方法。例如，大卫·艾伦（David Allen）的《尽管去做：无压工作的艺术》（*Getting Things Done*）一书非常成功。

然而，你可以看到，时间管理课程和相关书籍解决的是"如何在给定的时间内完成更多的工作"的问题。这或许有用，但这并没有解决"要做的事情太多，而没有足够的时间去做"的问题。

时间管理课程和相关书籍并不能解决我所说的问题——要做的事情太多，而没有足够的时间去做。它们解决了一个不同的问题——如何做得更多。这也是一个有效的问题，但并不是我们大多数人面临的紧迫问题。

疯狂工作

当时间管理课程不起作用时，在我看来，人们认为他们只有一个选择，那就是疯狂工作。

当然，这样做的问题是，疯狂的工作时间会很快变得没有效率，并会导致一系列其他问题，如身体疲惫和整体效率低下。

所以，这样做也不行。现在，这一切都很令人沮丧。

替代方案

事情太多而时间不够用的问题有解决方法吗？事实已经证明是有的。这是你能想象到的最违背直觉的解决方案。

我们必须学会不做事。

因为，如果我们能学会不做某些事情，就会完成正确的事情，这样我们就解决了事情太多而时间不够用的问题。

接下来，我会告诉你如何做到不做某些事情，这是一个很棒的奖品。

35. 漏斗和两个过滤器

　　想象一下，把所有你要做的事情都放在漏斗的顶端，包括你决定要做的或者你认为你应该做的事情。

　　想象一下，漏斗里有两个过滤器，它们会阻止某些东西通过。

　　如果我们有这样一个设备，我们就可以用它来控制不做某些事情。如果设置正确，我们就可以确保只有正确的事情能够通过第二个过滤器。

　　如果我们这样做了，我们就解决了事情太多而时间不够用的问题。

　　这两个过滤器将在接下来的三节中介绍。

36. 过滤器一：学习区分唯一优先级

过滤器一告诉我们需要"学习区分和实践唯一优先级"。

优先级

以下是我们将使用的优先级的定义。

（1）想象你有一个需要做的事情的清单。如果你只能做这张单子上的一件事，你会做哪一件？这是你的第一要务。

（2）现在看着单子上剩下的事情，再问一遍这个问题。如果你只能做一件事，那会是什么？这是你的第二要务。

（3）看着清单上余下的事情，再问一遍这个问题，这是你的第三要务。

（4）继续这样做，直到列表被排出优先级。

（5）你不能有相同的优先级，例如 7A 和 7B。你必须做出区分。这个项目要么比其他项目更重要，要么不太重要。

唯一优先级

唯一优先级会使你在这一阶段更向前一步。它说明你在工作中做的一些事情是非常重要的，而有些事情却不是。

对于非常重要的事情，你可以按照上面的方法来排列它们的优先级。有些事情通常不太重要，但有一个较早的截止日期，可能必须放在优先级列表中比较靠前的位置，但是上面的方法仍然有效。你自己试试就知道了。

对于不太重要的事情，你要忘记它们。

为了避免任何疑问，当我说"忘记它们"时，我不是指重新排期、推迟、重新排优先级次序、授权等任何类似的话。我的意思是永远不要做它们。

起初，这可能看起来太激进，但你已经在接受了。

如果你承认你有太多的事情要做，但没有足够的时间去做，你就已经接受了有些事情你永远不会做。所以，现在唯一的问题是谁来决定以及如何决定。

谁来决定

在工作场景中，做出这个决定的关键人物是你和你的老板，你们一起做出决定。我会在下一节里讲这部分内容。

在个人的生活场景中，如果是你想实践一些想法，并且你能够实践的话，那么需要做出决定的将是你和对你而言很重要的人。

如何决定

这里有两种可能用到的方法。

第一种方法是借助于对后果的考量。

如果不做某件事，后果非常严重，那么它非常重要。如果后果不是这样，或者远没有那么严重，那么它就成了被抛弃的候选对象。

第二种方法是从高价值和低价值两个方面去思考。高价值的东西很重要，低价值的东西可能会被丢弃。

例如，在我的项目管理工作中，有两件价值很高的事情。

（1）现有客户：与他们交谈、提供培训和咨询。

（2）新业务：销售。

（在你的个人生活中，非常重要的事情可能是花时间和你爱的人在一起，或者是做你感兴趣的事，或者是实现你的雄心壮志，等等。）

现在就做。把你在工作中必须做的所有事情列出来（你可能已经在阅读第 16 节的基础上完成了），并把它们分成"非常重要"和"不太重要"。对于非常重要的事情，按照上面描述的方法进行优先级排列；对于那些不太重要的事情，你要忘记它们，正如下一节要讲述的那样。

37. 过滤器一：实践唯一优先级

如果你已经被过滤器一的价值说服，或者你只是想探索一下它是否有效，那么你可以做八件事来让它为你工作。

这些事情中有六件完全在你的控制之下，你不需要任何人的同意。其中一件似乎需要他人认同，但正如我将要解释的那样，它实际上并不需要。其中一件确实需要他人认同，但不做这件事你也能过得去。所以，正如你所看到的，很多事情完全在你的掌握之中。

这八件事如下。

1. 不要试图清空列表

你可以尝试把每件事都做完，但不要清空列表。"清空列表"有点像寻找独角兽公司，这永远不会发生。（如果你在做关于独角兽公司的新闻，那么对不起！）

所以，不要盲目地清空列表。如果你能做到，你会变得自由起来。

一天只有 24 小时，尽可能用高价值的东西填满这些时间。当你的时间满了，停下来！

这是一种完全在你的控制之下的精神状态。

2. 明天就开始

根据前一节所述，你必须把你要做的事情拆分为"非常重要"和"不太重要"两类。

没有什么能阻止你明天就开始，并表现得好像这种拆分已经得到每个人的认同。启动完全由你控制。

现在，你开始变得有点纠结。如果你停止做某些事情，很快就会有人注意到，其中一个人可能是你的老板。这就把我们带到了让他人认同的问题上。

3. 获得认同

你必须得到老板的认同。

下面是获得老板认同的方法。

（1）在你的老板心情好的时候去找他——周五中午之后可能是好的，周一早上可能不是。如果你最近做了让他非常满意的事，那就更好了。

（2）你说你有太多的事情要做，却没有足够的时间去做。顺便提一下，这意味着某些事情永远不会完成。

（3）进一步建言，你的老板会同意你所说的什么是真正重要的，什么是不重要的。

（4）对于真正重要的事情，你说你会尽最大努力，你可以从时间、精力、承诺、激情、专业技能、知识等方面去说。

（5）对于有些价值太低的事情，建议你任其枯萎死亡。

（6）通过向老板展示你所做的拆分决定，使他更容易同意。当会议结束时，你们可以就拆分问题达成最终的协议。

4. 无论如何你都可以做到

你和老板的协商，可能成功，也可能失败。但这是一件好事。

无论如何你都可以做到！你可以继续下去，就像老板已经同意拆分一样。

为什么会这样？

因为当你放弃做一件低价值的事情，老板问你为什么的时候，你可以说："因为我做了一件高价值的事情。"这个世界上没有一个理智的老板会对此提出异议。

所以，第三件事实际上是一种形式。你应该这样做，哪怕只是出于礼貌。但是，无论你成功与否，你都可以根据已经拆分好的内容，继续排出唯一优先级。

到目前为止，我希望你能看到所有这些事情都完全在你的掌控之下。

5. 项目的目标与边界

项目的目标与边界实际上需要他人的认同。这将是锦上添花的事，你也可以没有。

你需要确保你的列表上所有非常重要的事情都是可以度量的。在前一节中，我提到了我自己的优先事项。

（1）现有客户：与他们交谈、提供培训和咨询。

（2）新业务：销售。

这两个优先事项我都有办法度量：针对第一个，我必须在客户那边工作很多天；针对第二个，我有一个销售目标。

这些度量有助于我将精力集中在值得我花时间做的事情上。如果某件事对这些度量没有贡献，我就不做。

你需要确保你有类似的度量。下面是你需要和你的老板谈谈的一些场景。

（1）你可以与老板进行一次对话，以这样的话开头："我如何知道我在年底做了一件了不起的工作？如何度量呢？"

（2）你可以向老板提出一些度量的方法。

（3）你要让你的老板轻松地说"是"。你可以指出，如果用这些度量方法来评估你的表现，将会有多容易。

本节到目前为止概述的五件事构成了一份"合约"。无论是通过协议（因为第三件事协商成功了），还是默认（见第四件事），你现在已经确定某些事情真的很重要，而某些事情真的不重要。

接下来，你还可以做下面三件事。

6. 遵守合约

对于非常重要的事情，尽你所能去做；对于不太重要的事情，不要去做。

7. 测试合约

尤其是当你第一次这样做的时候，会有一些事情处于含糊不清的状态，即你不能完全决定它们是否非常重要。我建议你保守地行动，把它们放在非常重要的清单上。你要测试的是非常重要的清单中底部的事项，看看它们是否真的重要。

从清单底部开始，一步步向上测试。显而易见，最后在某个时刻，你会发现真正非常重要的事情。到此为止，停止测试！

非常值得测试的例子如下。

会议。有些会议至关重要，但许多会议完全是浪费时间（见第 23 节）。做一个决定，不去开会，然后看看会发生什么。你可以有很多方法不去开会。

你可以找个理由不去，也可以请求原谅。你还可以询问是否能通过不同的方式（如通过电子邮件）提供你的意见，而不是亲自参加会议。你可以说"需要我就给我打电话"，并希望他们不会给你打电话。你可以说"我能先进行我这部分吗"，然后离开那里。你很快就会发现会议是否重要。

报告。有些报告非常重要，而有些报告（据我所知相当多）没有被阅读过。你要了解是否有人在阅读报告。停止发报告，看看会发生什么。你很快就会意识到它是否重要，以及你应该多久发送一次。比如，也许你可以从每周发送一次减少到每月发送一次。

做事的方式。你能以一种创新的方式做事吗？你能重新设计一个流程吗？也许一个笨重的旧流程可以被扔掉，换成更精简的流程。

8. 善于得体地说"不"

能够得体地说"不"，意味着当人们要求你做一些你已经同意但并不太重要的事情时，你可以迅速地消除这些事情，让它们离开你的生活。

后面这三件事都完全在你的掌控之中。

38. 过滤器二：一点规划胜过不断"救火"

你已经知道过滤器二了，它就是本书前三部分的内容。过滤器二告诉我们，一点规划胜过不断"救火"。

如果你没有规划这个项目，过滤器二就会消除所有可能发生的"救火"工作。

换句话说，非常重要的事情都是用最少的精力完成的。

39. 少做事情的威力

　　这是一个奇妙的悖论：做得越少，我们得到的越多。

　　如果你实现了前面四节讨论的两个过滤器的简单的想法，它们可能会改变你的生活。

　　在工作中，你会变成一台生产效率很高的机器，你仍可能在合理的时间选择不工作，享受生活。不仅如此，你会发现白天还会有时间停下来反思、思考和创新。

　　在你的个人生活中，你会发现你可以花更多的时间在真正重要的事情上。还是那句话，你不再总是忙来忙去。你会有自由的时间，去做你想做的事情。

身体上，你可能会更健康，精力更充沛。

几乎所有这一切都在你的控制之下，你所要做的就是伸出手来抓住它。

第六部分

如何事半功倍地管理项目

执行一个项目的速度可能快到超出大多数人的想象，这是可能的。本书的这一部分解释了为什么这是可能的，并告诉你如何做到。

40. 工作日是与众不同的

执行项目的速度可以比任何人想象的都要快。

如果你愿意，你可以对此表示怀疑，没关系。我看到它被快速完成过，我知道怎么做，我可以展示给你。

这就是我们在本书的这一部分要做的事。

缩短项目工期始于一个简单、明显但经常被忽视的事实——工作日是与众不同的。

作为项目经理，我们用来完成项目的工具是人、钱、设备或材料以及时间（工作日）。

我们可以雇用更多的人，或者我们可以重新分配现有的人。我们可以得到更多的预算或更多的投资。我们可以购买更多的设备或材料。

但工作日是与众不同的。

一旦一个工作日过去了，它就不会回来了。我们无法再得到什么，日子已经过去了。

更快地执行一个项目是尽可能聪明地用好宝贵的、不可替代的每一个工作日。

对于一个项目来说，没有什么能比缩短工作日更有收益。这些收益包括：

- 降低成本；

- 减少浪费；

- 省钱；

- 增加利润；

- 增加收入；

- 改善现金流；

- 领先你的竞争对手；

- 更快地实现业务效益；

- 降低项目延期的风险；

- 提高团队士气、工作满意度等。

你要认识到这一点，感受它，内化它，让它成为一种信仰。然后，你就可以开始缩短你的项目工期了。

41. 怎样才能缩短一个项目的工期

怎样才能缩短一个项目的工期？

答案是一切尽在规划中。

下面是可以缩短项目工期的三个原则。

原则一：规划是好的

我不知道你是否听过有人——通常是老板或经理说："我们没有时间做规划，去做事情吧。"也许你想知道这究竟是一个好的建议、一个好的策略，还是一个好的管理实践。毕竟，这个人可能比你资历更高、工资更高，也比你更有经验、更有知识。

好吧，你为什么不回去读第 3 节 "你应该像做晚餐一样管理你的项目"？它描述了在没有做任何规划的前提下做出的晚餐会是什么样子。

这是一个好建议、好策略，还是一个好的管理方法？你怎么认为？

原则二：细节是好的

第 12 节讨论了准确的估算。它建议把你的项目分成要素、任务或琐碎工作。琐碎工作的工期在 0.5~5 天，或工作量在 0.5~5 人天的范围内。虽然有例外，但在大多数情况下都应如此。

原则三：如果细节是好的，那么更多的细节才是真正的好

如果你想缩短你的项目工期，你必须聪明地用好每一个工作日。也就是说，你需要把事情分解到天或人天的细节层次。如果掌握了这个方法，你就在正确的轨道上了。

42. 为什么没有更多的人这么做

　　这里的"人"是指项目经理、老板和利益相关方。从某种程度上来说，这是一个持续困扰我的问题。缩短项目工期不需要付出什么成本，并且有巨大的好处。那为什么不是每个人都这么做呢？对此我想了很多，最后得出了以下理由。

（1）**项目经理和利益相关方认为不可能**。他们认为，如果能在预算内按时完成项目，他们就很幸运了。但是，缩短项目工期是完全可能的。我一遍又一遍地看到过成功缩短项目工期的例子，用的就是本书这一部分讨论的方法。

（2）**没有人计算价值**。没有人知道或计算提前完成项目在财务上的价值。如果他们这样做了，那么缩短项目工期的决定不需要动脑就可以做出。

（3）**项目经理规划不当**。如果项目经理没有正确地规划和估算项目，他们就不可能更快地完成项目。这本书的第一部分至第三部分描述了如何正确地规划和估算项目。

（4）**秘诀不在《PMBOK® 指南》**（*PMBOK® Guide*）。快速完成项目的秘诀不在 PMI（项目管理协会）官方的项目管理参考书籍中。然而，这并不意味着你做不到。

（5）**情感投资**。"我们现在做事的方式有什么问题"这个综合征在起作用。当然，人们一直在改进流程。缩短项目工期正是对这样的流程进行改进。

（6）**我们会错过一些东西**。如果团队试图加速一个项目，那么每个人都害怕他们会错过一些重要的东西。项目工期的缩短并不意味着会跳过项目流程中的任何步骤，你需要做的只是努力聪明地安排好每一天的时间。

（7）**简单总是被低估**。通常，聪明的人会认为非常简单的想法没有价值，或者不相信简单的想法会在复杂的想法失败的地方奏效。简单总是被低估，似乎世界变得越复杂，事情就越正确。

43. 快速的项目流程及其不同之处

做项目经理的这些年，特别是自从创办自己的项目管理公司以来，我有机会熟悉很多项目。虽然有一些项目是例外，但在我看来，我遇到的许多项目——实际上是世界上的许多项目——都是通过这样一个过程交付的。

（1）老板、利益相关方或当权者给了团队一个不合理的期限或不可能完成的任务。

（2）这个团队制订了一个规划，表明这个任务无法完成。

（3）不管怎样，当权者还是坚持要这样做。

（4）团队说"好的"，并且（有时、经常或不总是）在经历了许多熬夜加班、令人不快的惊吓和普遍的悲痛之后交付了项目。

如果你应用了本书到目前为止所介绍的技巧，你会发现上面的过程会被类似下面的过程所取代。

（1）老板、利益相关方或当权者给了团队一个不合理的最后期限或不可能完成的任务，这只是他们的"愿望"。

（2）团队制订了一个规划，证明这是无法完成的任务。然后，团队创建了另外一个规划版本，试图接近最初的愿望。

（3）当权者只能选择其中一个版本。

（4）团队按目标交付项目，兑现对利益相关方做出的所有承诺。

通过实践本书的这部分内容，你可以做如下进一步的改进。

（1）老板、利益相关方或当权者给了团队一个不合理的最后期限或不可能完成的任务，即他们的"愿望"。

（2）团队制订了一个简短的规划。这是通过在每天的细节层面的基础上进行规划来完成的，从而让每一天都有价值。这个项目不可能比规划的时间更早完成了。几乎在所有情况下，这个规划都符合（有时超过）利益相关方的愿望。

（3）团队按照这个规划交付项目。

44. 关键路径

"关键路径"是完成一个项目的最短时间。虽然你的规划中可能有几百项工作，但只有少数处于关键路径上。把这些工作想象为"超级工作"，你需要把它们识别出来。

注意，如果你使用项目管理软件制订规划，该软件将为你突出显示关键路径。但要小心，因为有时软件会抛出一些令人困惑的关键路径结果。

如果你对你的项目管理软件如何计算关键路径没有把握，那么你可以试一下下面这个方法，它对你来说简单易行。你需要应用下面的表 44-1。

表 44-1 关键路径计算表

项目名称：

关键路径缩短最终里程碑：

任务		名称	当前工期（天）	缩减到（天）	缩减百分比 *（%）	节省（天）	备注	原始日期	缩短后的日期
1	50	测试	20	16	20%	4			
2	36	构建	35	29	17%	6			
3	29	设计	14	10	29%	4			
4			69	55	20%	10 天 2 周			

* 30% 的降幅对应该很容易实现。最坏的情况是，这可以通过延长工作日（短任务）和周末（长任务）未实现

（1）确定项目的最终里程碑。

（2）从最后一个里程碑开始，找到它所依赖的工作。其中一项工作（或可能不止一个）位于关键路径上。

（3）通过依次缩短每项工作的时间，并查看是哪一项工作将最后的里程碑提前，这样识别出来的工作就是关键路径上的工作。

（4）把这个结果记录在表格上。

（5）现在，对于这项工作，找到它所依赖的工作。重复第（3）步和第（4）步，直到你回到项目当前的位置。

（6）这样做的结果是，你将得到一系列超级工作，如果缩短它们的时间，就会缩短整个项目工期。

45. 缩短项目工期的三个简单的步骤

以下是缩短项目工期的三个简单的步骤。

1. 准确估算你的项目

如果你不知道如何恰当地估算一个项目，你就永远不会缩短项目工期。实际上，你最初的估算结果会非常不准确，项目最终花费的时间将远远超出任何人的想象。我们已经在第 12 节中讨论了如何估算你的项目。

也许你已经有了一个规划，而且你认为估算得相当准确，那太好了。

　　然而，你的规划中包含工作量了吗？如果没有，那就不是规划，而是时间表。时间表的问题在于你没有估算需要做多少事情，你只是估算了事情需要做多长时间。

　　如果不知道要做多少工作，你就不知道需要多少人，那么缺少人力几乎不可避免。这一点将随时随地显现出来，即从一路承受巨大的压力去实现里程碑，到 1 英里①之内错过你的里程碑。

2. 找到关键路径

　　关键路径是完成一个项目的最短时间。如果你要缩短项目工期，那么你需要缩短关键路径上的工作时间（见第 44 节）。

3. 缩短关键路径上的工作时间

　　有三种方法可以让你做到这一点。

　　（1）减少或消除多任务处理。正如我将在第 49 节中描述的那样，多任务处理对生产效率来说是灾难性的。如果你的工作中有人身兼数职，那么问问他们是否有什么方法可以全职工作，以便尽快完成项目。因此，假设在你的项目中有一个 3 人天的工作，有人被分配每周花 1 天时间去做，从而需要 3 周时间。你可以问问

---

① 　1 英里 ≈1609 米。

他们有没有办法给你连续 3 天的时间，如果可以，这将会把工期从 3 周（15 天）缩减到 3 天！虽然这并不总是可能发生的，但每一次你都会看到戏剧性的改善。在我的公司中，我们总是不厌其烦地说，多任务处理对项目完成的速度有着巨大的影响。

（2）我可以提前完成这项工作吗？当我们试图围绕个人生活规划工作时，我们总是想这样做。例如："我能在周末前完成这项任务吗？"这个问题同样适用于我们的工作。看看工作规划中那些横跨周末、公共假日、休假时间或任何其他重要时间的工作，他们能在该时间前完成吗？

（3）我能并行做这些事吗？通常，工作是百分之百相互依赖的，在工作 A 完成之前，工作 B 绝对不能开始。但是有些时候，我们可以在彻底完成工作 A 之前开始工作 B。你可以检查一下依赖情况，看看有何种程度的并行工作的可能。

46. 如何在一天内确定一个项目的范围和规划

动机

确定项目范围和制订项目规划通常需要很长时间，过程如下。

（1）有人识别了某种需求、要求或需要解决的问题。

（2）在此基础上，有人做了一些研究，写了一份建议书、
商业案例或技术规范。

（3）由利益相关方进行评审，并把评审结果反馈给原规划
制订者。

（4）更新文档，并通过电子邮件、电话和会议来交流、澄清和解决各种问题。

（5）将第（3）步和第（4）步循环多次，直到最后对将要做什么达成一致意见。

（6）接下来，有人负责制订规划。

（7）利益相关方评审规划，并将评审结果反馈给制订规划的人。

（8）更新规划，可能会有更多的电子邮件、电话、信息请求和会议，尤其是在利益相关方想要的和项目团队所说的存在差距的情况下。

（9）将第（7）步和第（8）步循环多次，直到最后对这个规划达成一致意见。

在某些情况下，这个过程可能需要几周、几个月甚至几年的时间。所有这些讨论的替代方案，你可以在一天内确定一个项目的范围和规划。

你不必相信我的话

普雷斯顿·史密斯（Preston Smith）和唐纳德·雷纳特森（Donald Reinertsen）在他们的《用一半时间开发产品》（*Developing Products in Half The Time*）一书中将项目的开始阶段称为"模糊前端"。他们说：

　　时间是不可替代的资源。当一个月的潜在开发时间被浪费，就再也无法挽回……每个月的延迟都有一个可量化的延迟成本。作为开发人员，我们的目标是找到以低于这个成本的价格购买周期时间（即缩短项目工期）的机会。这些大大小小的机会，在整个开发过程中都会出现。然而，有一个地方我们可以称之为周期时间减少的"廉价基地"。在这个地方，我们总能找到成本最低的机会，从而在上市时间上实现大幅改进。我们称这个阶段为应用程序开发的"模糊前端"。这是一个介于机会被发现和我们在开发项目上正式投入工作量之间的阶段。

　　如果"模糊前端"是在上市时间上实现最大幅度改进的机会，那么在一天内确定项目的范围和规划是最大化这些机会的一种方式。

　　项目在本质上常常是开始—停止的。我们开始做一些事情，然后我们不得不等待，例如等待别人的评审、批准或输入。没有什么阶段比模糊前端更符合这个特点了。在这个阶段，机会被识别，随后项目得到正式的支持。每个人都认为自己可以有所贡献，很多人想签字，还总有人觉得自己的意见被忽视。同时，由于这个项目还没有真正启动，总有一件事更为紧迫。最终可能会迎来一个漫长而令人沮丧的时期，在此期间，需求被识别、确定并达成一致。我们可以通过鼓励他们参加一个决定性的、高效的活动来避免这一切，这个活动叫作"确定项目范围和规划会议"。

收益

确定项目范围和规划的收益如下。

- 项目可以在一天内启动。项目实际上在当天会议结束时就开始了，没有比这更快、更划算的方式来开启一个项目了。
- 获得明确的项目目标和要求，以及利益相关方对这些目标和要求的认同。
- 能够做出准确估算。
- 看到项目将如何展开的清晰画面。
- 正式启动项目。

方法

有两件事是确定项目范围和规划成功的关键。首先要记住，你的目标是用两份文档来结束一天的工作，即范围文档和规划文档；其次是尽可能聪明地花时间来实现这两个可交付成果。

因此，从广义上来讲，工作原理如下。

（1）确定需要参加为期一天的确定范围和规划会议的人员。

（2）在为期一天的会议之前有一个准备时间。在此期间，参会者基本上要为上述两个文档准备一些输入。

（3）在为期一天的会议中，你充当主持人（你需要另一个人做笔记）。在会议期间，你要从参会者那里获得输入，并将其插入文档中。

（4）通常在这个会议的第二天，两个文档会被最终确定。通常最终确定的两个文档只不过是在原来的基础上进行了美化。

准备阶段

确定项目范围和规划所需的准备工作如下。

（1）确定需要参加该会议的所有人，并找出他们都能聚在一起的一天。

（2）向参会者解释（一封电子邮件就可以了），在为期一天的会议上，他们将汇编两个文档：项目范围和规划。

请参会者在参加为期一天的会议之前花些时间思考这些问题。如果他们这样做了，那就太好了；如果没有这样做也没关系，这个过程无论如何都会起作用的。

（3）告知参会者会议的议程。例如：

09：00—10：45　第一部分：确定项目目标，即该项目可能产生的最佳结果是什么

11：00—13：00　第二部分：制订规划

13：00—13：45　午餐

13：45—15：00　第二部分：制订规划（续）

15：15—16：15　第三部分：对规划进行风险分析，即

　　　　　　　　　　检查哪里可能出错，以及如何尽可能
　　　　　　　　　　地减少出错
　16：15—17：00　第四部分：安排规划中的下一步行动

为期一天的会议

09：00—10：45　第一部分——确定项目目标

在第一部分你要做两件事：第一件事是确定项目的终点，第二件事是确定项目的利益相关方和他们的完成标准。以下步骤能让你实现这一目标。

（1）你需要花大约半个小时来确定项目何时结束，花大约
　　　1小时来确定利益相关方的完成标准。第一部分内容
　　　需要1小时45分钟，你可以留15分钟用作应急时间。

（2）以下是你此时需要向参会者提出的问题。

　　● 我们如何知道项目何时结束？

　　● 项目结束的标志是什么？

　　● 项目的最后一项工作是什么？

　　我喜欢在活动挂图（Flip Chart）上捕捉这些东西。你也可以将范围文档投射到屏幕上，由记录员在屏幕上进行书写。

（3）回放参会者的提问："那么当这件事发生了，那件事也
　　　发生了，项目就结束了，对吗？""所以如果这一切发

生了，我们会视这个项目成功了，是吗？"添加由此产生的附加细节。

（4）继续回放他们的提问："所以，如果完成了这些事，这个项目就结束了，对吗？"直到他们都说是的。你需要在 30~45 分钟内完成这部分内容。（注意：如果此时你们无法达成一致意见，你将不得不结束这部分的话题。然而，在我做这件事的所有时间里，这从来没有发生过。）

（5）一旦参会者就这个话题达成一致意见，你就可以向参会者询问所有的利益相关方是谁。然后，把这些人写下来。

（6）之后，为每个利益相关方写下他们的完成标准。记录员需要对此进行记录。

（7）当参会者全部说完后，再把利益相关方的答案回放给他们听。"那么我们选择的这个时间点作为项目的终点，将会成为所有这些利益相关方的完成标准吗？"如果他们同意，就代表你完成工作了；如果没同意，那么说明你还有很多工作要做——要么修改时间点，要么修改完成标准。

（8）"我们怎么知道什么时候结束？"这个问题的答案和利益相关方的完成标准组合在一起会为你提供最终的项目范围。或者换句话说，你选择的项目结束的时间点应该是利益相关方的完成标准。

11：00—15：00　第二部分——制订规划

（9）现在请参会者告诉你项目的主要阶段。

（10）你有 3 小时 15 分钟来完成这个规划。主要阶段的数量将指导你为每个阶段的规划投入多少时间，从而指导你可以达到的细节水平。例如，如果你有 6 个主要阶段，那么你可以为每个阶段的规划投入大约半个小时。比如，如果有 10 个主要阶段，那么你会把投入时间减少到每个阶段 15 分钟。

（11）一旦你确定了你可以为每个阶段的规划投入多少时间，你就应该把这个时间的一半用于规划每个阶段的详细工作上。然后，你再使用另一半的时间来估算工作量和工期。

（12）从第一个主要阶段开始，制订该阶段工作的详细顺序。你要注意你为每个主要阶段设定的时间限制。可能你在那段时间里只能做到比较粗浅的细节层次，但是没关系。

（13）当这个阶段完成时，把人的名字与工作相对应，估算每个琐碎工作的工作量和工期。

（14）对每个主要阶段重复前面的两个步骤。当你这样做的时候，你可能不得不做一些假设。例如，你可能不知道你的项目中将有多少个测试或修复阶段，所以你可能不得不做一个假设，这样你就可以构建细节了。这完全没关系。

（15）就保持会议如期进行而言，以下几点都是好的。

- 尽量在午餐前完成三分之二的阶段规划，不要只是部分完成某个阶段的规划。

- 将分配给每个主要阶段的时间作为里程碑来保持目标进展。一旦你在一个特定阶段的时间用完了，你就可以估算任何剩余的东西（使用假设），然后进入下一个阶段。

- 这一点非常重要，但不要陷入困境。你是在试图建立工作序列，而不是在执行工作本身。任何与构建工作序列无关的事情都应该在一天的会议之外的时间处理。强烈建议你不要进行技术对话和试图解决技术问题。这是项目规划，你应该关注的是哪些工作必须完成。如果不知道技术解决方案，这里也不是想办法搞清楚的地方。如有必要，你可以对技术解决方案做出假设。

（16）一旦你完成了所有主要阶段的规划，你就有了项目的基础规划。

（17）在让参会者休息之前，你还有两件事要做：一是在规划中加入应变措施；二是在项目的结束日期上再增加一些额外的时间，比如增加 15%。此外，你可以采用占总工作量 10% 的规则，为项目管理投入一定的时间（见第 14 节）。

15∶15—16∶15　第三部分——项目风险分析

对项目进行风险分析，如第 17 节所述。从风险分析中抽取行动方案，并把它们纳入你的规划。

16∶15—17∶00　第四部分——下一步行动

阅读新创建的规划，将下一步行动分配给参会者。或者，你也可以对参会者说："看看规划，看看下周你要做哪些事情。让我们从今天起一周后在这里见面，看看这些事情是否都完成了。"如果你选择这样做，那么只需安排下一次会议，然后你就可以真正地提前结束这一天了。

所以，事实上，你给出的这个日程表要有一点点应急时间，万一你需要的话。但是，重申一下，你需要做的是让这个过程发挥作用，去完成你为自己设定的所有中间的小里程碑。

你完成了工作规划的制订！

完成阶段

你可以在一天会议结束时向参会者提供项目范围文档和规

划文档的副本。然而，这两份文档可能需要做一些整理和修饰。记录员应该在第二天首先做这件事，然后把文档发给参会者。然而，这不应该阻碍参会者使用前一天会议结束时的粗略版本开展项目工作。

47. 缩短项目工期的终极方式

你知道缩短项目工期或缩短上市时间的问题已经解决了吗？

是的，已经解决了。

什么时候解决的？

哦，大约一个世纪以前。

你可否说出一个能在很短的时间内成功实施数百万美元项目的行业吗？

放弃？是电影制作行业。

2017 年的电影《水的形状》（*The Shape of Water*）拍摄了 93 天，也就是说，拍摄这部电影只花了 93 天。

你最后一次听到项目经理说"这是一个 93 天的项目"是什么时候？

你可能会有这样的感觉（你的感觉是对的），如果你问制作这部电影的人"你们在拍摄的第 47 天做了什么"，他们一定能告诉你答案。

他们的确可以，因为有人在开始拍摄的前几个月就已经想好了。

这是在尽可能短的时间内完成项目或更快地将产品推向市场的关键。聪明地用好每一天，这正是电影人一直在做的。

原因很简单。拍电影的费用高得惊人。即使是可以归类为低预算的电影，每天的花费也可能是 10 万美元，所以电影制作人完全专注于尽可能地缩短拍摄天数。做到这一点的关键是条形看板，它显示了每个演员（团队成员）在拍摄（项目）的每一天都在做什么。

条形看板本质上是一个大型电子表格，每个团队成员用一列表示，项目的每一天用一行表示。每个单元格都包含团队成员在某一天将要做的事情。

如果你真的想在尽可能短的时间内完成你的项目，就在条形看板上展示你的规划，这真的会成为一款杀手级的应用。这里有一个条形看板的例子，见表 47-1。

表 47-1 条形看板示例

天 #	日期	工程师（撰写需求）	项目经理	资深审查员（最多 5 名审查员）	项目经理
1	2018年1月9日	3 确定项目范围与规划会议 X	3 项目规划会议 X	确定项目范围与规划会议 X	3 确定项目范围与规划会议 X
2	2018年1月10日	6 收集问题			
3	2018年1月11日	9 准备用户问卷		10 发放用户问卷	
4	2018年1月12日	9 准备用户问卷			
5	2018年1月15日				
6	2018年1月16日	7 跟市场部门一起评审			
7	2018年1月17日				
8	2018年1月18日				
9	2018年1月19日			11 收回用户问卷	
10	2018年1月22日	12 分析信息			
11	2018年1月23日	13 撰写需求文档			
12	2018年1月24日	13 撰写需求文档			
13	2018年1月25日	13 撰写需求文档			
14	2018年1月26日	13 撰写需求文档			
15	2018年1月29日	13 撰写需求文档			
16	2018年1月30日	13 撰写需求文档			
17	2018年1月31日	13 撰写需求文档			
18	2018年2月01日	13 撰写需求文档			
19	2018年2月02日	13 撰写需求文档			
20	2018年2月05日			15 传阅文档	
21	2018年2月06日				
22	2018年2月07日				
23	2018年2月08日			16 单独评审（每人 1/2 天）	
24	2018年2月09日	17-19 评审会议 / 文档变更（包括再次传阅）		17 评审会（每人 1/2 天）	
25	2018年2月12日	17-19 评审会议 / 文档变更（包括再次传阅）			
26	2018年2月13日	17-19 评审会议 / 文档变更（包括再次传阅）			
27	2018年2月14日				
28	2018年2月15日	20-22 第二次评审 / 签字同意 / 签字完成（1/4 天）	20-22 第二次评审 / 签字完成（1/4 天）	18-20 第二次评审 / 签字同意 / 签字完成（1/2 天）	18-20 第二次评审 / 签字完成（1/4 天）

填充条形看板上的单元格，你只需应用第 12 节中描述的技巧即可。但是，你不要停留在 0.5~5 天的细节层级上，而是要停留在 1 天的细节层级上。

用条形看板检查项目状态会极其简单。假设今天是 2 月 2 日，你想在今天结束时检查项目的状态。

在 2 月 2 日下方画一条水平线。那条线以上的事项都要做。如果是的话，那么你是按规划进行的。如果不是，你就落后了。如果水平线以下的事情都已经完成了，那么意味着你的工作进度提前了。就这么简单！

如果最近我正在管理一个项目，那么条形看板是我优先选择的方法。

48. 任务简报

团队的任务简报

也许你曾经看过那些第二次世界大战时期的老电影，在电影中，轰炸机机组人员列队进入简报室，一名军官以这样的话开始进行简报："先生们，你们今晚的目标是……"

项目环境中的任务简报与其类似。如前一节所述，当你的规划是建立在一个条形看板上时，它尤其有效。以下是在条形看板上有效地展示规划的方法。

（1）让团队成员聚在一起。

（2）一行一行地通过条形看板和他们交谈。

（3）请他们留意如下事项。

- 可能被忽略的事情。例如，一个没有被注意到的公共假日，或者在条形看板上显示某人在这些天被安排了工作，而实际上他要去度假。

- 进一步缩短项目工期的机会。例如，有什么地方可以应用第 45 节中的技巧吗？在特定的工作岗位上增加更多的人会有所不同吗？虽然在晚上和周末工作通常是一个非常糟糕的主意，但如果在这里或那里加一点点班，项目就会有很大的不同吗？

（4）以这种方式详细检查整个条形看板。

（5）你现在有了明确的最终规划。

利益相关方的任务简报

和上面一样，你也可以与利益相关方做一个任务简报。最好是在你和团队一起完成规划之后，因为这时你已经基本确定了可以加速项目发展的大部分领域。一般来说，利益相关方的任务简报会比团队的任务简报要短。这是因为项目中通常会有不需要利益相关方关注的领域。这将意味着你可以只关注影响他们的部分，以及他们在哪里发挥作用。

此外，确定利益相关方必须做的工作，并询问他们这些工作是否可以缩短。

在利益相关方的任务简报中，要特别注意你为了制订规划而必须做出的假设。不得不说，利益相关方不喜欢假设，他们更喜欢简单、直接的回答。他们会说，"告诉我日期吧"，或者"好吧，要花多少钱？"不幸的是，这个世界并不会这么简单。

我们的规划总是包含假设，因为我们总是缺少关于项目的知识。（我们对这个项目完全了解的唯一一天是它结束的那一天，可那时对我们已经没用了，因为项目已经结束了。）当我们缺少事实时，我们需要使用假设。

因此，在跟利益相关方做任务简报时，我们需要指出这些假设及其对利益相关方的意义。仅仅在规划中列出它们或者在演示中展示它们是不够的，我们需要让它们更有说服力。

比如，我们的规划需要软件，软件供应商告诉我们将在 6 月 15 日准备好。我们需要对利益相关方这样说："现在，在项目的这一部分，我们需要软件 X 的新版本。软件供应商告诉我们，我们可以在 6 月 15 日获得新版本。我们假设软件供应商可以兑现承诺，将于 6 月 15 日交付给我们新版本。但如果软件供应商没有做到这一点，那么它可能造成项目延误。软件供应商每延误一天，就会让我们的项目延误一天。"

　　你在这里需要做的是把这些潜在的"地雷"标记给利益相关方。如果项目运行中遇到其中一个地雷，那么应该没有人会感到惊讶，也没有人会说他们没有收到过警示。

　　就像在条形看板上做规划一样，任务简报对项目管理也非常有价值。

第七部分

项 目 管 理 与 你 的 组 织

如果你实现了本书到目前为止涵盖的所有想法，那么你的组织将成为项目交付的动力源，并会创造良好的业绩记录。

但是我们还没有结束，还有两件事：第一，你需要停止你手头正在做的事（第 49 节）；第二，你需要开始做一些你没有在做的事（第 50 节）。

49. 多任务处理是生产力的灾难

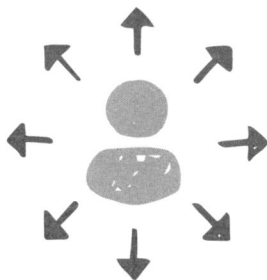

自从 1992 年创办公司以来，我已经为 500 多家公司和组织提供过咨询。我想不出他们中有谁不进行多任务处理，即一群人分散从事一系列项目或活动。

一般来说，每个人都有多项任务，即把时间花在不止一件事情上。我说的不是两三件事，更有可能是七到十件事。我曾见过人们同时处理二十几件事。

但是多任务对于生产力来说是灾难性的，正如第 16 节中的例子所示。这次我们可以讨论得更详细一点。

假设我在做一个项目，这个项目包括许多必须完成的工作。假设其中一项工作有 10 人天的工作量。戴夫被指派去做这项工作，他是全职工作的，一周有 5 天工作时间。

在这种情况下，这项工作将需要两周时间。

现在我们假设戴夫一心多用，他每周只有 1 天时间可以做这项工作。在这种情况下，这项工作将需要 10 周时间。

现在，戴夫放下这项工作，一周后再次拿起它，重新开始工作（回到他上周放下这项工作的地方），这需要额外的时间。这方面的研究不多，但谷歌的"任务转换成本"提供了一些有代表性的数字。根据这项研究，估计一个人能重新开始工作需要 15 分钟是合理的。因此，每周需要增加的 15 分钟，必须加到最初的 10 人天的工作量中。

这里还有一个陷阱。戴夫每周做这项工作的时间很可能不是一整天。更有可能是这样的：周一几个小时，周二半天，周三什么都不做，周四开一个小时的会，然后周五匆匆忙忙地赶着完成一个小的里程碑。所以，比起最初的 10 次放下—拿起，戴夫更有可能每周有 4~5 次放下—拿起，那么 10 周就有 40~50 次，共计 10~12.5 人小时。你需要把这个工作量加到最初的 10 人天上。所以，注意到这一点是非常重要的。

让我们假装这不会发生，哪怕只是因为我们不太确定如何衡量它——尽管它确实会发生。戴夫一周工作 5 天（不需要进行多任务处理）和戴夫一周工作 1 天（需要进行多任务处理）的差别似乎没那么大。在一个大型项目上，你甚至可能不会注意到它。但在一个小型项目中，当戴夫坐在你旁边或者就在项目结束时，你看到他在操作电脑、打电话、参加会议，你可能会想，"戴夫在做我的事情"。然而，这一件小事，即每周工作 5 天（非多任务处理）和每周工作 1 天（多任务处理）之间的差异，可能会导致这个项目延迟 8 周（2 周和 10 周的差异）。

记住，这只是你项目中的一项工作。戴夫在你的项目中做的所有工作都是这样吗？当然是了。你项目中的其他工作也是这样吗？考虑到多任务处理的普遍程度，很有可能也是这样。

由此导致的项目蔓延和延迟可能是相当严重的。或者，换句话说，为了阻止蔓延的发生，你需要做大量的扫尾工作。

那么为什么每个人都这么做呢？

是因为没人想过这个问题吗？还是大家觉得没得选？还是别的什么原因？

当然，还有其他选择。在我们谈这个问题之前，还有一件事，见下一节。

50. 你的组织是这样运行的吗

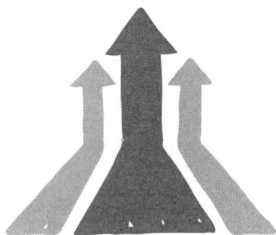

是命运在操纵你的组织吗？

据我所知，许多组织，无论是哪个部门或企业，都以大致相同的方式运作。

通常，在年初，组织所有者、股东、董事会或当权者决定他们能像往常一样做"更多"的业务。他们说，他们希望多获得一定比例的客户或市场份额，提高销售额，增加收入 Y 或利润 Z，改善某些业务指标（例如，减少等待时间）等。他们还想做一些全新的事情——新产品、新服务和新举措，并转型到新的方向。

管理团队接受了这一使命，并启动了一系列项目，旨在确保业务一切照旧的同时，新的举措得以实现。

组织中的每个人都有自己的日常工作，几乎可以肯定，还有与项目相关的工作量。大多数管理团队期望每个人都承担相应的工作量，这可能意味着规划变得不重要。事实上，从某种程度上来说，规划本身可能被视为问题。毕竟，我们不希望规划表明我们正在努力做的事情是不可能实现的，对不对？

因为规划不存在或不充分，所以我们没有有效的办法来确定是否有足够的人来做所有的工作。通常，这意味着没有足够的人。但这并不重要——因为不管怎样，我们都会找到办法的。如果没有足够的人来做所有的工作，那么现有的人可以更努力地工作。事情就是这样，人们一旦开始越来越努力地工作，工作时间就会越来越长。

这会导致一个项目或者一件正常的事情偏航。没有足够的人来做所有的工作，这是不可避免的。但通常这个事实到特别晚的时候才能被发现，因为没人想成为坏消息的传递者，直到最终有人意识到问题的严重性。

当发生这种情况时，人们会有一些愤怒。一些高级经理或客户开始为"他们的事情"生气。如果他们喊得声音足够大，一些人就会被吸引过去，然后有人就被要求更加努力地工作。你会看到一种"不断变化的优先级"现象。

尽管工作时间很长，但有些事情开始偏航。某项工作增加了人手，却不一定会加速，毕竟有学习曲线。这些人为了跟上速度，他们会犯一些熟练人员很久以前就不再犯的错误。

工作就这样继续下去，直到管理层意识到事情发生了偏航。同样的事情一遍又一遍地重复发生，一年就是这样度过的。

最终，一年结束，到了圣诞晚会。有些事情已经做了，但很多还没做。许多事情或延期或超出预算，或兼而有之。直到最后一刻，人们还没有百分之百地搞清楚，在该组织年初开始做的所有事情中，哪些事情最终会完成，哪些还未完成。有些项目在付出了巨大的努力后，已经完成；有些项目根本没有完成或者已经误入歧途。人们有一种一直在浪费很多时间、精力、资源和金钱的感觉，还有一个似乎永远无法清空的待办事项列表。

至于团队成员，有的因极度劳累而离开。压力如此之大，以至于可能影响到了他们的健康，使他们的工作与生活失去平衡。充其量，每个人都认为这是艰难的一年，他们真的很努力，有一种在逆境中取得胜利的感觉。"我们今年确实挣到了工资和奖金"，他们认为，"是的，我们完成了地狱般的工作"。

他们可能还会有这么一种感觉，虽然组织目前做事的方式可能不完美，但这是最好的方式，因为这就是"组织的文化"。

首先，你可能认为管理层在管理组织，但是他们真的在管理吗？其次，完成的事情是最重要的事情吗？最后，对于正在做的事情，他们几乎没有什么有意识的决策。其实并不是管理层在做决策，一切都是由发生的一系列事件决定的。换句话说，是命运、运气或机遇决定了一切。

但不一定真的都要这样做项目。

向容量规划问好

这是什么？

好吧，想象一下你经营了一家小型汽车修理店。这家店雇用了两个技工，根据经验，每个技工每天能维修两辆车。显然，这是一个粗略的规则，因为汽车维修可能需要更多或者更少的时间。但是，总的来说，一天维修两辆车的规则非常有效。它为那些不可避免的不速之客和紧急情况留出了一些时间。知道了这一点，你就有可能准确地安排工作，并告诉客户他们的车什么时候可以修好。

这就是容量规划。

容量规划是计算出你需要做多少事情（这反过来意味着准确地确定项目规模），然后计算出你是否有足够的人来完成所有这些事情。像上面汽车修理店这样的一个小规划，完全可能在纸上完成，你可以把它写在某一本书或日记中，甚至你的脑海中。

关于容量规划，如果你没在做，那么你需要着手去做。

而对于多任务，你要放弃。

怎么做容量规划

下面是具体步骤。

（1）给定一段时间，比如6个月或一年。

（2）确定在此期间你想做的所有项目。（你可能要对这段时间可能出现的新项目做一些假设。）

（3）量化所有这些项目的人天，并算出总数。这是供需方程中的需求方。

（4）现在确定在同一时期能为这些项目贡献时间的所有人（包括任何新员工）。这是供给方。

（5）需求和供给数量应该相同，但通常它们不相同；往往需求更大，有时大得多。

（6）现在问自己："如果我只能做一件事，那会是什么？"（见第36节）

（7）这意味着只有"超出预算"的项目才能完成，其他项目将不得不等待资源到位。

（8）为最重要的项目安排足够的非多任务的人（或者只做少量多任务的人），力图尽快完成项目。

（9）按照清单，对下面的项目也这样做，直到你安排完所有的人。

（10）在团队完成项目并有时间之前，不要启动剩下的项目。剩下的项目仍然会比你用多任务处理的方式完成得更快。

（11）如果这样做，你的生产力将会有一个飞跃，你会让自己感到惊讶。

后记

如本书所述，良好的项目管理实践对每个人都有好处：项目经理可以建立关于项目成功的历史记录；团队可以受益于不必参加"死亡行军"项目；个人和团队可以提高工作效率，这会对团队的士气产生连锁效应；组织可以消除由"救火"和令人不快的意外事件所造成的大量浪费。

好的项目管理不需要付出任何额外的代价。它不需要额外的资源或更多的人，也不需要增加预算。相反，它能确保我们以最聪明和最有效的方式使用我们所需的资源。

本书共 50 节。有些节给出了背景信息或理由，而有些则直接描述了具体的技巧。我喜欢把这些项目管理技巧想象成菜单，如同我自己餐馆的菜单。我喜欢想象你走进我的餐厅，看着菜单，我拿着我的小笔记本，准备为你点菜。

你对菜单的看法，我不会感兴趣，我会对你要从菜单上点什么感兴趣。没有人会走进一家餐馆，把菜单上的所有东西都吃一遍，所以我也不会傻到认为你会马上开始做我在本书中谈到的所有事情。

但是，请不要不尝试就直接离开餐厅。

你可以选择一些特别能吸引你的技巧，从那开始。所有的技巧都很容易实施，并且都会带来收益。从某个技巧开始行动。然后，在你的列表中添加一个又一个技巧。你添加得越多，你将获得的收益越多。在相对较短的时间内，这可能会成为你交付项目的方式：始终如一、可预测，同时你仍享受着工作之外的生活。

这难道不是一件好事吗？